Hilde Degenhardt: Weil Du mein Vater bist

Hilde Degenhardt

Weil Du mein Vater bist

Eine packende Geschichte aus der Zeit von Krieg und Vertreibung

Bundes-Verlag

Titelgestaltung: Jörg Peter, Witten
Titelfoto (Treck): Hanns Tschira
Druck: Data System, Wuppertal
ISBN 3-926417-64-1

Unbeschwert

Kindheit zwischen den Kriegen

Die Winter in meiner alten Heimat, im südöstlichen Zipfel der Niederlausitz, ganz nahe der schlesischen Grenze, waren sehr kalt und lang. Schmutzige Schneewälle säumten noch die holprigen Straßen, wenn die Bauern ihre schweren Ackerwagen auf unseren Hof lenkten, um Dünger und Saat für das Frühjahr zu kaufen. Anna hatte den Kachelofen im geräumigen Kontor angeheizt, damit sich die Männer nach der meist stundenlangen Fahrt etwas aufwärmen konnten. Den Pferden hängten sie einen Futtersack um den Hals, warfen ihnen einen Arm voll Heu hin, um dann drinnen bei Geschäft und Palaver ihr selbstgebackenes Brot zu verzehren. Verwegen sahen sie aus, diese Gestalten. Mit Stoppeln im Gesicht und von der Kälte geröteten Nasen und Wangen saßen sie auf der langen Ofenbank. Manchmal fürchteten wir uns vor ihnen, wenn sie gar zu grimmig dreinschauten, aber es war so gemütlich warm in dieser großen Stube. Umständlich, mit klammen Fingern wickelten sie ihr Essen aus der Zeitung. „Klick" – die Klinge sprang aus dem Messerschaft, und die groben Hände schnitten Brocken für Brocken von den dicken Scheiben ab, um sie dann aufgespießt in den Mund zu schieben. Gelegentlich sahen die Männer unsere sehnsüchtigen Blicke: „Da, nimm schon." Schnell griffen wir zu und verschwanden möglichst für eine kurze Weile. Der Vater mochte es gar nicht, wenn wir bei den Männern „herumlungerten". Er saß nebenan im Privatkontor und handelte dort, eingehüllt vom blauen Rauch dicker Zigarren, mit den Gutsbesitzern die großen Verträge aus. Inzwischen luden Franz und Pietschke die Säcke auf die Wagen, quetschten den Hafer, den ein Kunde mitgebracht hatte, und halfen, die Gespanne mit „Hüh und Hott" und einigen derben Flüchen wieder zum Ausgang zu lenken.

Vater hatte bald nach dem Ersten Weltkrieg die einzige Tochter eines recht vermögenden ehemaligen Tuchfabrikanten geheiratet und als Mitgift alle Gebäude und Lagerräume der Fabrik übernommen. Zum Teil umgebaut und mit den entsprechenden Maschinen ausgestattet, blühte das Geschäft in der landwirtschaftlich reich genutzten Gegend schnell auf und schaffte eine gute Grundlage für einen beachtlichen Wohlstand.

Es war immer etwas los auf dem großen Gelände. Sobald es wärmer wurde, spielten wir den ganzen Tag draußen. Endlich hatten die langen kratzigen Wollstrümpfe ausgedient. Sie waren mit Gummiband am „Leibchen" festgeknöpft und ließen in der Kälte meist noch ein Stück nacktes Bein frei . Mit Entdeckerfreude eroberten wir die neuen Heuwender und Kartoffelrodemaschinen, die frisch lackiert in Reih und Glied auf dem Hofe standen. Hier gab es ideale Spielmöglichkeiten für meinen Bruder Max und mich wie auch für einige Nachbarskinder. Wir bauten riesige Schiffe aus Strohballen in der großen, offenen Scheune, liefen auf Stelzen von einer Rampe zur anderen, spielten Verstecken im Schuppen und Lager, wenn es regnete – bis ein entschiedener Rausschmiß unserem munteren Treiben ein Ende machte.

Dann verzogen wir uns zum Nachbarn, einem Baumeister und Sägewerksbesitzer, errichteten im hintersten Winkel des Holzlagers stabile Bretterbuden, verspeisten das mitgebrachte Brot und ärgerten uns darüber, daß die großen Leute so wenig Verständnis für unsere guten Ideen hatten. Einer mußte immer Wache stehen, damit uns der lange Eugen nicht erwischte. Man sagte, er habe stets ein Messer dabei und sei nicht ganz richtig im Kopfe ...

Im Sommer bauten wir Dämme und kleine Teiche im angrenzenden Stadtgraben, fingen Stichlinge, Neunaugen und Krebse oder wuchteten das große Wehr mit aller Kraft ein paar Zentimeter höher, wobei sich immerhin soviel Wasser in den Graben ergoß, daß es zu einer Überschwemmung kam. Die kleine Flutwelle erreichte die weiter unten spielenden Kinder und bedrohte ihre „Bauwerke". Mit großem Geschrei kamen sie näher – aber sie kannten unsere Verstecke nicht, und Franz ließ keine Fremden auf den Hof, darauf konnten wir uns verlassen.

Bei Regenwetter falteten wir Papierschiffchen, fünfzig, hundert, zweihundert, wer es am schnellsten konnte. Das Material lieferten die Düngemittelprospekte, die stapelweise im Büro lagen, gut sortiert und mit Firmenstempel versehen. Sobald es draußen wieder trocken war, wurde die ganze Flotte in das angrenzende Flüßchen gesetzt, schaukelte, lustig anzusehen, dem großen Wehr des etwas weiter unten wohnenden Müllermeisters entgegen und blieb in dem Eisengitter hängen. Wütend rief er an, es gab ein furchtbares Donnerwetter und „eins hinten drauf". Leugnen war nicht möglich: Der Stempel auf jedem Schiff verriet den Absender. Nun war es Zeit, sich in dieser gefährlichen Gegend etwas rarer zu machen.

Ich kann mich an lange, trockene, heiße Sommer erinnern. Dort, wo der Stadtgraben durch ein Wehr von dem kleinen Flüßchen abzweigte, der gleichzeitig unser großes Grundstück eingrenzte, war ein herrlicher Badeplatz entstanden. Ausreichend für eine Horde von zehn, elf Kindern, um sich stundenlang im Wasser zu tummeln. Halb nackt liefen wir über den großen Hof in die Küche. „Anna, eine Schnitte mit Schmalz und was zu trinken, nein, zwei, der Günther hat auch Hunger!" Anna war sehr großzügig, doch schnell drängte sie uns wieder nach draußen, um nicht soviel Sand und Schmutz im Hause zu haben.

Mit siebzehn Jahren kam sie zu uns in Stellung, sechstes Kind einer armen Bauernfamilie. Eine Perle würde man heute sagen. Anna putzte, kochte, räumte alle Sachen auf (was uns nicht so gut getan hat), ging zum Einkaufen in die Stadt und kontrollierte am Abend, ob unser Hals auch sauber gewaschen war. Ziemlich unsanft half sie nach, wenn sich ein schmutziger Rand zeigte. Dabei hielt sie uns am Nacken fest, fuhr mit dem Waschlappen von unten nach oben und einmal rund durch das Gesicht, was meistens ein furchtbares Gequietsche und Geschrei auslöste, weil die Seife in Nase und Augen brannte ... Es half nichts, als stille zu halten, bis das Werk vollendet war. Ich muß allerdings gestehen, daß früher nicht nur bei uns Kindern auf diesem Körperteil oft ein grauer Schleier lag! Zum Waschen gab es grundsätzlich kaltes Wasser, nur im Winter wurde es etwas angewärmt – eine Erklärung dafür, daß wir sehr sparsam damit umgingen.

Am Samstag aber wurde gebadet, in der Wanne geplantscht, bis die Finger schrumpelig wurden... Hinterher gab es Kartoffelsalat und ein großes Stück warme Knoblauchwurst vom Fleischer Müller. Das war dann ein Fest!

Wenn im Sommer die großen Ferien begannen, waren mein Bruder und ich von einer geschäftigen Unruhe erfüllt. Wir ließen uns von Franz neue Spachtel und Glätter machen, wie Maurer sie beim Wändeverputzen benutzten, um endlich bei dem großen Strandburgen-Wettbewerb in Swinemünde einen Preis zu gewinnen.

„Die Gießkanne hat eine Beule und der Eimer ein Loch", nörgelten wir beim Vater herum. Sie waren aus Email und hielten selten länger als eine Saison. „Auch der Wasserball und die Gummitiere sind nicht mehr zu gebrauchen." „Nun aber raus!" – doch wir wußten längst, daß wir es wieder einmal geschafft hatten.

Anna war perfekt eingearbeitet, so daß die Mutter ihr gut und gerne den Haushalt für drei Wochen überlassen konnte. Nur der Vater war in dieser Zeit im Geschäft unentbehrlich. Er brachte uns mit dem Auto bis Stettin, wo unser erstes Abenteuer, die Schiffsreise durch das große Haff, begann. Es gab so unendlich viel zu entdecken: die Werften am Ufer, die Kräne, kleine Kutter und Handelsschiffe, unbekannte Wasservögel, die ersten Möwen ... Mutter hatte eine große Freude daran, uns auf alles aufmerksam zu machen, und so liefen wir viel zu schnell in den Hafen des Ferienortes ein. Die Pension lag nahe dem Strand an einer schnurgeraden Kastanienallee, deren Ende sich wie ein Kuppelgewölbe gegen den Himmel öffnete.

Ich habe noch das Geräusch der Blechschippchen im Ohr, wenn frühmorgens die kleinen Wasserratten zum Strand trotteten und ihr Spielgerät lässig hinter sich herzogen ... Der weiße Sand – die Wellen – große Schiffe am Horizont – Bernsteinsuchen im stinkenden Schlick – Ponyreiten im Kurpark – unauslöschliche Kindheitserinnerungen! Als wir dann gesund und braungebrannt wieder zurückfuhren, warteten schon die Nachbarskinder, denen während unserer Abwesenheit das Anwesen mit den herrlichen Spielmöglichkeiten verschlossen blieb. Nun begannen ihre Ferien ...!

Während des Sommers liefen wir alle barfuß. Unter den Sohlen hatte sich eine dicke Hornhaut gebildet, so daß kleine Kiesel und Unebenheiten auf dem Boden kaum störten. Die ärmeren Kinder trugen meistens Holzpantinen, oft hörte man schon von weitem ihr lustiges „Klickklack". Wie gerne hätte ich solche Pantinen auch einmal besessen!

„Peter, gibst du mir deine Latschen?"

„Aber dann habe ich nichts mehr anzuziehen ..."

„Ich schenke dir ein ganzes Brot ..."

„... und fünf Murmeln dazu", ergänzte er geschäftstüchtig und zog seine Schuhe willig aus. Selig lief ich damit zu Anna. Das Oberleder aber, einst geschmeidig und weich, war durch die Feuchtigkeit von außen und den Schweiß von innen inzwischen hart geworden und hatte sich so perfekt seinen Füßen angepaßt, daß mir schon dieser kurze Weg Mühe und Schmerzen bereitete.

„Laß das lieber", sagte sie verständnisvoll, „du wirst sehr schnell Blasen bekommen. Nimm dem Peter eine Schnitte mit und gib sie ihm wieder."

Es gab viele arme Leute in unserer kleinen Stadt. So selbstverständlich Mutter im Ersten Weltkrieg ehrenamtlich Röntgenschwester wurde und im Lazarett mitarbeitete, so selbstverständlich wurde sie als junge Frau Vorsitzende des „Vaterländischen Frauenvereins“ und organisierte bei den „Damen der Gesellschaft“ unermüdlich Sammlungen, um das Elend zu lindern. Es gelang ihr, den damals recht bekannten Kapellmeister Bernhardt Été zu einem Wohltätigkeitskonzert zu verpflichten, was einen großen Batzen Geld in die Kasse brachte. Der war auch dringend nötig, um die Ferienspeisung für besonders gefährdete Kinder durchzuführen. Ich durfte immer mit dabei sein. Die frischen Brötchen am Morgen, der süße Milchkakao, die gemeinsamen Spiele in der großen Gruppe und sicher auch der lästige, aber notwendige Mittagsschlaf nach dem Essen brachte am Ende mehr Speck auf meine Rippen als die Ferienzeit zuvor an der Ostsee.

Es wurde Herbst ... „Kannst du uns nicht einen Drachen bauen, Franz, der alte ist gar nicht mehr schön?“ Es war ruhig auf dem Hofe. Etwas vor sich herknurrend, steuerte Franz auf seinen geliebten Holzstall zu. Umständlich und sich seiner Wichtigkeit bewußt, holte er eine passende Leiste hervor. „Geht mir von den Beinen hier weg!“ Schnell flitzten wir auf die Stiege, die zum Boden führte, und schauten ihm aufmerksam zu.

Vor dem Fenster stand die große Hobelbank, und an der Wand hingen Stemmeisen, Spachtel und Bohrer. Es quietschte und knarrte, wenn er das Werkstück einspannte. „Ratsch“ ging der Hobel darüber hinweg. Dann wurde geklebt und genagelt, Bindfäden wurden gespannt und Papier darüber gezogen. Beim langen Schwanz durften wir helfen, die Streifen zu schneiden – fertig!

Franz war seit vielen Jahren im Geschäft. Schon vor unserer Geburt hatte ihn der Vater angestellt. Er war Tischler, mußte aber wegen einer Allergie seinen erlernten Beruf aufgeben. „Es ist gut in so einem großen Betrieb einen Mann auf dem Hofe zu haben, der etwas von Holz versteht“, sagten die Eltern, doch am meisten, glaube ich, profitierten wir Kinder davon: Neben seinen meisterhaften Drachen baute Franz für uns noch Schubkarren und Stelzen, Puppenbetten und kleine Schränke und reparierte alles, was zu Bruch gegangen war.

„Mußt du nicht heute aufs Dorf?“ fragten wir den Vater. Er erfüllte gern unsere kleinen Wünsche, wenn es nur einigermaßen in seine Pläne paßte. Der Wind stand gut, unser Drachen stieg in den Himmel hinauf, und die Gedanken verloren sich in phantastischen Träumen und Weiten.

Mein zwei Jahre älterer Bruder Max war ein dauernder Störenfried und Neinsager. Es gab Schwierigkeiten beim Spiel, bei den Mahlzeiten, in der Schule. Wir stritten und schlugen uns. Nur auf den Reisen an die Ostsee, ins Riesengebirge oder in die Sächsische Schweiz, wo er die Eltern oder wenigstens die Mutter ganz für sich hatte, war er umgänglich und zufrieden.

Die Arbeit im Lazarett als Röntgenschwester hatte der Mutter einen gesundheitlichen Schaden zugefügt. Der Schutz gegen die gefährlichen Strahlen war damals noch unzureichend, und die Ärzte fürchteten, daß sie nie ein gesundes Kind austragen könne.

So wurde der Bruder nach sieben Monaten geboren: tausend Gramm schwer, der Kopf viel zu groß für den winzigen Körper. Franz zimmerte eine kleine Holzkiste, sie wurde mit Watte ausgepolstert und auf die Ofenbank gestellt. Bei der ständigen Wärme und Rund-um-die-Uhr-Betreuung erholte sich das kleine Wesen allmählich und wuchs zu einem hübschen Kerlchen heran.

Zwei Jahre später – 1923 – kam ich auf die Welt, gesund und kräftig. Für die Eltern war das sicher eine große Erleichterung und Freude. Ich stand auf der Sonnenseite des Lebens – mein Bruder im Schatten. Sehr bald zeigte sich bei ihm ein körperlicher und seelischer Schaden. Alle Versuche, ihn aus seinem inneren Gefängnis zu befreien, scheiterten. Das einzige, was ihm später Freude machte, war, mit dem Vater auf die Jagd zu gehen. Dann saß er stundenlang auf dem Hochsitz oder schritt mit „Treff", dem Hühnerhund, an der Seite und anderen Jägern in einer Kette durch Kartoffel- und Rübenfelder, um Rebhühner zu jagen.

Max' ständige Nörgeleien machten ihn unbeliebt bei den Menschen. Er hatte keine Freunde, nur ein ganz armer Junge aus der Nachbarschaft, der wie er benachteiligt war im Leben, kam treu ins Haus und wurde sein Spielgefährte. Manchmal dachten die Eltern, daß er wohl wegen des guten Essens und der kleinen Zuwendungen so lange aushielt. Aber sie ließen den Nachbarjungen gern teilhaben am gedeckten Tisch, weil sie froh waren, auf diese Weise ein wenig ausgleichen zu können, daß ihr Sohn oft böse und ungerecht zu ihm war.

Ach ja, da war noch die „Nanne", unsere Kinderfrau. Wir suchten sie bei allen kleinen und großen Wunden. Wie eine Glucke ihre Küken unter die schützenden Flügel birgt, schmiegten wir uns in ihre tröstenden Arme. Anders als die resolute Anna in der Küche mit Jod und Pflaster hatte sie immer eine lindernde Salbe für unsere blutenden Knie, entfernte fast schmerzlos alle Splitter aus Händen und Füßen und stopfte meisterhaft das Loch im neuen Kleid oder der Hose, damit es zu Hause keine Schelte gab. Sie konnte wunderbar alte Geschichten erzählen und wohnte mit Franz und Pietschke und noch drei anderen Mietern in dem großen Haus auf unserem Grundstück, nahe dem Badeplatz. An den kleinen Innenhof schloß sich der große Gemüse- und Obstgarten an. Wenn sie Zeit hatte, arbeitete sie zuweilen darin, holte Zucker und ein paar Schüsseln aus ihrer Küche für die frischen Erdbeeren, pflückte uns saftige Kirschen vom Baum oder zog die dicksten Möhren aus dem Beet. An den Geburtstagen, am Schlachttag im November, bei der großen Wäsche, in der Einmachzeit half sie der Anna im Haus.

Die Kartoffelernte hatte begonnen und brachte die Bauern wieder in die Stadt. Waggon um Waggon wurde beladen und rollte zur Versorgung der großen Städte nach Westen. Franz hatte jetzt wenig Zeit für uns. Er war fast immer auf dem Bahnhof, um den Transport zu überwachen. In den Scheunen brummten die großen Dreschmaschinen, ein feiner gelber Staub lag über den Gehöften ... Natur und Menschen bereiteten sich auf den langen Winter vor.

Oktober – Erntedankfest ... Die Gutsbesitzer hatten uns eingeladen. Sie boten dem Gesinde und den Gästen die Frucht ihrer Felder und ihrer Arbeit dar: frisch gebackenes Brot, Kuchen, Wurst und Schinken. Auf der Tenne stand die Erntekrone, kunstvoll gebunden und mit Blumen und Bändern geschmückt. Der Hausherr sprach einen Dank aus, dann wurde gegessen, getrunken, getanzt ... Wir Kinder, des langen Sitzens überdrüssig, spielten indessen Verstecken und sprangen vom obersten Balken der großen Scheune in das weiche Heu ... Juchhe!

Erste Nachtfröste ließen langsam die Blätter von den Bäumen fallen, Herbststürme wirbelten sie in die Luft und rissen die letzten von den Ästen.

Das geschäftige Treiben draußen fand ein Ende. Franz brachte alle frostempfindlichen Waren in die Lagerräume. Nur noch selten kam ein Pferdegespann auf den Hof. Die Bauern machten im Kontor längere Pausen, denn die Arbeit daheim auf den Feldern war abgeschlossen. Anna heizte die Kachelöfen wieder ein, und in der Küche wurden frische Brotscheiben auf die heiße Herdplatte gelegt. Etwas angeröstet, mit Zucker bestreut, waren sie eine köstliche Leckerei.

„Da, schau, es schneit!" Der Bruder hatte sich ein paar Gucklöcher in die vereiste Fensterscheibe gehaucht, um etwas sehen zu können ... Die stille Zeit begann.

Der Vater war immer beschäftigt, die Mutter viel unterwegs, sie organisierte Lebensmittelsammlungen für die arme Bevölkerung, Kinderspeisungen, Wohltätigkeitskonzerte ... aber Anna, die Angestellten im Büro, Franz und die Nanne waren immer da.

„Klingeling", hörte man schon von weitem das lustige Schellengeläut der Pferdeschlitten. Die wohlhabenden Bauern kamen zum Einkauf in die Stadt. Die Straßen waren nicht geräumt. Nur mühsam quälten sich ein paar Autos auf den vereisten Wegen.

Wir fuhren Schlittschuh auf dem zugefrorenen Stadtgraben und mit dem Schlitten von den wenigen Hügeln der Stadt. Eine Kälte von minus 25 bis 30 Grad ließ uns nicht allzulange draußen verweilen. Mit blaugefrorenen Händen und roten Backen kehrten wir bald an den gemütlichen Kachelofen zurück. Zeit für Nannes unendliche Geschichten und Märchen ...

In der ersten Klasse auf dem Gymnasium erzählte uns der Religionslehrer das Gleichnis vom Pharisäer und Zöllner. War es die eindringliche Art dieses Mannes? Hatte ich wieder einmal etwas Dummes ausgefressen? Was wußte ich von den Worten „Sünde" – „Schuld" – „Gnade"? Ich ging bewegt nach Hause, schlich in die hinterste dunkle Kammer, die selten jemand betrat, und kniete weinend nieder: „Gott sei mir Sünder gnädig!" Ein Pharisäer wollte ich nicht sein ...

Wir wurden nicht religiös erzogen, ein Tischgebet, ein Abendgebet, das uns die Mutter gelehrt hatte ... Über Gott sprach man nicht in der Familie, nicht mit den Freunden, auch nicht mit Anna, Franz oder Nanne. Doch von diesem Tage an begann ich ein heimliches Zwiegespräch mit dem großen Unbekannten: „Lieber Gott, mach doch ..."

Auch über Politik wurde wenig gesprochen. Die Eltern waren rechtschaffene Kaufleute, vielleicht ein wenig schlitzohrig, was wohl dazugehört, um erfolgreich zu sein – aber keine politischen Fanatiker.

„Du mußt ein Hitlerbild aufhängen, sonst gibt es Ärger, Leo", sagte eines Tages der Freund bei der üblichen Skatrunde. Sie fand einmal in der Woche im großen Herrenzimmer statt, während die Ehefrauen im Salon, bei viel Geschwätz und süßen Leckereien, Rommé spielten. Dort hingen zwei prächtige Gemälde in reich verschnörkelten Goldrahmen an der Wand – die Porträts der beiden letzten deutschen Kaiser.

Vater kaufte sehr bald ein Führerbild in Aktendeckelgröße und hängte es darunter. Es zeigte Hitler, der, tief gebeugt im schwarzen Mantel, den Zylinder in der Hand, vor Hindenburg steht und die Reichskanzlerwürde empfängt. „So ist es richtig, den Kopf gesenkt, wir werden noch viel erleben mit diesem Manne!"

Wenig später trat er in das „Nationalsozialistische Kraftfahrzeugkorps“ (NSKK) ein. Dort trafen sich jene, die weder in der NSDAP noch in der SA oder SS waren, aber doch irgendwie nach außen zeigen mußten, daß sie dem „neuen Aufschwung“ nicht im Wege standen – Ärzte und Apotheker, Kaufleute und Unternehmer. Vater kaufte sich ein Paar Stiefel, ein braunes Hemd und besuchte gelegentlich eine der Versammlungen, die zur politischen Schulung regelmäßig stattfanden. „Nutzt nischt“, erklärte er beiläufig, was soviel heißen sollte wie: Es geht nicht anders. „Wenn ich da nicht mitmache, kann ich bald nichts mehr verkaufen.“ Hitler hatte durch eine „Ostentschuldung“ die Landwirte entlastet, so daß ihnen ausreichend Geld zur Verfügung stand. Wir verkauften mehr Dünger, Saatgut und landwirtschaftliche Maschinen. Unser Geschäft blühte auf. Der Bauernstand wurde umworben und gepriesen. Die Menschen wählten den Mann, dem sie diesen Segen zu verdanken hatten. Nach seinen Plänen fragte man nicht ...

Die Mutter hatte eine ähnliche Einstellung. Wieder waren wir in den Ferien in Swinemünde. Der große Strandburgen-Wettbewerb stand bevor. Richtige Künstler waren am Werk, dagegen machte unsere Burg einen recht mickrigen Eindruck. Wie gern hätten wir einmal einen Preis gewonnen und die Einladung zur großen Ehrung im Kurhaus erhalten! Stundenlang schleppten wir Wasser herbei, wurden Wände geglättet, Muscheln gesucht ... Mutter führte Regie.

„Nutzt nischt", sagte sie dann und modellierte ein großes erhabenes Hakenkreuz auf die Stirnseite. Die Kommission kam vorbei ...

„Das müssen wir anerkennen und prämieren!"

Die Herren überreichten uns die heißersehnte Eintrittskarte zum Gala-Abend und gingen weiter. „Kinder, das müßt ihr ganz schnell vergessen, so etwas macht man eigentlich nicht", ermahnte sie uns mit einem Augenzwinkern.

Ja, so waren sie, die Eltern, geschickt die Gelegenheit ausnutzend, um das Beste daraus zu machen, wenn es sich halbwegs mit ihrem Gewissen verantworten ließ.

Mit der Machtübernahme 1933 wurde der (kaisertreue) „Vaterländische Frauenverein", in dem meine Mutter so aktiv gewesen war, aufgelöst. Sofort fand sie ein anderes Betätigungsfeld als Kreisleiterin des Roten Kreuzes. „Das ist neutral, da kann niemand kommen und mich anderswo verpflichten." Die Nazis waren froh, in dieser kleinen Stadt so eine tüchtige, erfolgreiche Frau zu haben. Die Arbeit blieb die gleiche, auch die anderen „Damen der Gesellschaft" traten dem Roten Kreuz bei und arbeiteten, wie in alten Zeiten, ehrenamtlich zum Wohle der armen Leute mit. Bald gab es eine Art Konkurrenz zu der immer stärker werdenden NS-Frauenhilfe. Wie meine Mutter es geschafft hat, sich durch die politisch oft sehr heikle Lage hindurchzulavieren, ist mir bis heute ein Rätsel!

Im Frühjahr 1939 gab es in der Stadt ein großes Feuerwehrjubiläum. Ich war inzwischen fünfzehn Jahre alt, lang und dürr, träumte von der ersten Tanzstunde und hatte für den großen Ball am Abschluß dieses Festes ein neues Kleid bekommen. Das war vielleicht eine Sache! In unserem Haus wurden zwei schmucke, junge Offiziere einquartiert. Wahnsinnig aufregend!

„Trag doch mal eben die Stiefel für die Herren rauf", sagte Anna am nächsten Morgen. Sie war heute besonders geschäftig, um das üppige Frühstück zu richten. Allzugern nahm ich den kleinen Auftrag an. Ich befand mich auf halber Treppe, da ging oben die Türe auf und ein Mann, nur mit kurzem Unterhemd bekleidet, trat auf das Podest. „Guten Morgen", stotterte er verlegen. Ich war wie vor den Kopf gestoßen und rannte wieder nach unten in die Küche.

„Mir ist schlecht, Anna."

„Nu was issen, Mädchen, du bist ja ganz rot im Gesicht. Ich koch dir einen Kamillentee, nimm schon mal den Löffel Leinöl."

„Ich hab den Mann gesehen", brachte ich schließlich heraus.

„Na und ...?" fragte sie neugierig.

„Von unten auf der Treppe ..."

„Na und?"

„Ohne Hose ..."

Erschrocken schlug sie die Hände an den Kopf. „Herrjemine!" rief sie und schaute mich mit weit aufgerissenen Augen an ... Es war ungefähr so, als würde heute ein fünfzehnjähriges Mädchen seiner Mutter eröffnen, daß sie schwanger sei.

Nichts sah ich von dem Feuerwehrball und dem großen Zapfenstreich. Von dem Schock und der Enttäuschung nun wirklich krank geworden, mußte ich ins Bett und war froh, als der ganze Trubel vorüber war, ohne dem Manne noch einmal in die Augen schauen zu müssen. Ja, so war das zur damaligen Zeit.

„Wir haben gut verdient in den letzten Jahren", sagte der Vater beim Mittagstisch, „jetzt wird es Zeit, das Haus zur Hälfte aufzustocken und ein paar neue Zimmer für Anna und meine Tochter zu schaffen." Mein Bruder hatte im Erdgeschoß ausreichend Platz und war rundum zufrieden mit seiner Behausung. „Außerdem brauchen wir endlich eine Zentralheizung und fließend warmes und kaltes Wasser." Er ging zu unserem Nachbarn, dem Baumeister, und unterbreitete ihm seine Pläne. Schon einen Monat später sollte der große Umbau beginnen.

Wir fuhren an die See, und die arme Anna mußte sich drei Wochen allein mit dem ganzen Schutt herumplagen. Als wir zurückkamen, stand bereits der Rohbau. Zügig gingen die Handwerker ans Werk. Im Spätherbst war bis auf die Malerarbeiten alles fertig.

Am Heiligen Abend durfte ich zum ersten Male in meinem Zimmer schlafen. Was für ein Geschenk hatte ich bekommen! Das große Waschbecken an der Wand, ein kleiner Schreibtisch, die Couch in der Ecke, der Teppich in der Mitte des Zimmers, mein neues weiches Bett ... es sah alles so gemütlich und heimelig aus!

Silvester stand vor der Tür. Freunde waren eingeladen, um mit uns zu feiern. Ich hatte Anna heimlich gebeten, mir doch ein paar zusätzliche „Knaller“ zu beschaffen. Pünktlich um zwölf Uhr, wenn draußen die Glocken läuteten und die Eltern wie jedes Jahr vor die Türe traten, um das neue Jahr zu begrüßen, wollte ich von oben ein Feuerwerk entfachen, wie sie es noch nie erlebt haben. Und das geschah dann auch: Auf der Fensterbank stand eine leere Weinflasche mit der großen Rakete, daneben lagen die etwas kleineren Heuler, die Knallfrösche, „Ziesemännchen“ und andere Feuerwerkskörper. Unten ging die Türe auf, die Glocken läuteten, und pfeifend stieg meine Rakete in den Himmel empor. Sie entzündete durch den Feuerstrahl nach und nach alle Knallfrösche auf der Fensterbank und was sonst noch so herumlag. Ich warf mich auf den Boden und hielt die Hände schützend über den Kopf. Es krachte und heulte und zischte um mich herum, der ganze Pulverdampf breitete sich im Zimmer aus, und als der Vater die Türe aufriß, ging der letzte Kanonenschlag los und machte dem Höllenspektakel ein Ende. „Wo bist du?“ schrie er in die Dunkelheit hinein. „Hier“, kam es kläglich aus meiner Ecke. „Oh mein Gott, du lebst und bist unverletzt, alles andere wird repariert ...“

Schlimm sah es aus, als der Qualm abgezogen und das Licht das ganze Ausmaß der „Katastrophe“ offenbarte.

Schmauchspuren an der Blumentapete. Auf den gestrichenen Dielen hatten die Knaller die Farbe weggebrannt. Die Tischdecke hatte ein großes Loch, überall lagen Papierfetzen herum ... „Das machst du aber nicht noch einmal“, sagte die Mutter mit strafendem Blick ... „Bestimmt nicht!“

Schicksalsschläge

Die Idylle zerbricht

In unserer Stadt gab es keine weiterführende Schule für Mädchen. Wir waren nur geduldet auf dem Jungengymnasium, und die meisten gingen von der Schule ab, wenn sie die Mittlere Reife erreicht hatten. Da mußte man schon sehr ehrgeizig und fleißig sein, um die letzte Hürde bis zum Abitur zu nehmen. Aber mit dem Lernen gab es einige Probleme. Unter jedem Zeugnis stand der banale Satz: „Die Schülerin ist eine Saisonarbeiterin und nützt ihre Fähigkeiten nicht voll aus."

Doch was wußten die von meinen Fähigkeiten. Niemand fing mit einem kleinen Stöckchen am großen Wehr so viele Krebse, wie ich es vermochte. Beim Versteckspielen wurde ich meist als letzte gefunden. Auf dem großen Hof konnte ich freihändig mit dem Fahrrad Kurven fahren, und wenn es galt, dem Vater seine große Plane für eine paar Tage abzuluchsen, um im Garten ein Zelt zu bauen, dann wurde ich zu ihm geschickt.

So „flatterte", fast zwangsläufig, jedes Jahr kurz vor Weihnachten ein blauer Brief ins Haus. Unter Tränen und großem Ehrenwort versprach ich, nach dem Fest sofort mit dem Lernen anzufangen – was dann auch immer seine Früchte trug. Sitzengeblieben bin ich nie!

Doch allmählich verloren die Kinderspiele ihren Reiz. Ich war jetzt fünfzehn Jahre alt und hatte die Mittlere Reife bestanden – nun mußte entschieden werden, wie es weitergehen sollte.

Fragte man mich im Alter von vier, fünf Jahren, was ich denn einmal werden wolle, antwortete ich immer spontan: „Mutti". Diese Einstellung wurde vertieft durch den engagierten und vielseitigen Einsatz meiner Mutter, ihrer Freude an der Arbeit und dem großen Ansehen, das sie bei der Bevölkerung genoß. Da meine Eltern der Meinung waren, daß dies nicht der schlechteste Beruf für eine Frau sei, suchten wir ein Internat, an dem man nicht nur in den wissenschaftlichen Fächern unterrichtet wurde, sondern auch Kochen, Nähen, Hauswirtschaft, Säuglingspflege und Pädagogik lernte. Wir fanden eine Schule in Thüringen.

Eine ganz neue Welt tat sich auf: Theater und Oper, Leseabende und Hausmusik, die neuen Eindrücke durch Gespräche mit den Mitschülerinnen und vieles mehr. Doch nach den ersten Briefen in die Heimat fragten sich die Eltern, ob dieses Institut für ihre Tochter aus der Provinz nicht eine Nummer zu groß sei ...

Nach einem halben Jahr, am 3. Dezember 1938, erhielt der Direktor des Internats aus der kleinen

Stadt in Ostbrandenburg einen Anruf: Er möge seiner Schülerin schonend mitteilen, daß die Mutter ganz plötzlich gestorben sei und sie sofort heimfahren müsse.

Trauer ... Tränen ... Beileidsbesuche ... es war alles so dunkel und schwer. Die ersten Tage waren erfüllt von Rat- und Hilflosigkeit. Anna hatte ohne die Autorität der Mutter Mühe, ihre Arbeit wieder aufzunehmen, und wäre am liebsten in ihr Dorf zurückgekehrt. Der Vater war in seiner Tatkraft wie gebrochen, mein Bruder verkroch sich hinter einer Mauer des Schweigens und zog sich in sein Zimmer zurück. Ich war froh, nach dem Ende der Weihnachtsferien wieder in die Schule zurückfahren zu können. Die Ablenkung durch die anderen Mädchen tat wohl.

Ein Vierteljahr später, am 3. März 1939, ließ mich mein Klassenlehrer rufen, nur stockend fand er ein paar Worte: „Dein Vater ist gestorben ... du mußt morgen früh nach Hause fahren."

Ich war allein mit meinem Schmerz, den vielen Fragen und Problemen. Der Unbeschwertheit und Heiterkeit der Kindheit folgte ein jäher Absturz. Zwar wußten wir von Vaters schwerer Erkrankung, doch niemand hatte uns vorbereitet und erklärt, daß sein Krebsleiden unheilbar war. Wir hatten keine Chance zum Abschiednehmen.

Unendlich viele Dinge fielen mir ein, die ich noch hätte gut machen wollen ... einige Versprechen nicht eingelöst ... nie mehr miteinander reden, nie mehr gemeinsam durch die Kiefernwälder streifen und die Tiere beobachten, keine fröhlichen Feste mehr feiern ... alles vorbei, endgültig!

Der ganze Betrieb war wie eine große Familie. Wir Kinder eingebettet in die Treue und Achtung der Angestellten für ihren Chef ... Der König ist tot ... es lebe der König! Nein, es gab keinen Nachfolger für meinen Vater. Mein Bruder war krank und unfähig, dieses „Landhandelshaus“ weiterzuführen! Am Ende der Pflichtschulzeit hatte er im elterlichen Betrieb eine kaufmännische Lehre begonnen und die Abschlußprüfung bestanden, doch seine körperliche Behinderung zeigte sich immer deutlicher. Unter dem Schutz des Vaters und mit seiner Erfahrung wäre ein halbwegs „normales“ Leben möglich gewesen – nun mußte er selbst Entscheidungen treffen, Arbeit zuteilen, mit den Kunden verhandeln. Die alten Angestellten verweigerten den Gehorsam und mißtrauten seinen Anweisungen: „Bei dem alten Chef war das immer gut so“, blockierten sie jede Neuerung.

Der freundliche, kinderlose Baumeister von nebenan wurde unser Vormund. Ein Onkel, selbst Inhaber eines landwirtschaftlichen Betriebes, vierzig Kilometer entfernt, übernahm die Verantwortung für das Geschäft, unsere treue Anna avancierte zur „Wirtschafterin".

Wie eine Erlösung empfand ich die Rückkehr in die Schule und verdrängte jeden Gedanken an ein „Danach". Damit niemand sagen konnte, dieses Internat – meine „Fluchtburg" – sei ein zu teures Pflaster für mich, war ich in den letzten beiden Jahren bis zum Abitur besonders fleißig. Zwar fehlte die Anerkennung und Geborgenheit der Eltern, dieses „Wir glauben an dich, du bist unsere Tochter, du wirst es schaffen", doch im Herzen wuchsen Kraft, Verantwortungsbereitschaft und eine getroste Hoffnung: Es wird alles gut werden.

Ferienzeit... wir fuhren mit dem Vormund zum Pilzesuchen. Es war ein herrlicher Septembertag. Im Eifer, den Korb recht schnell zu füllen, hatten wir uns bald aus den Augen verloren. Aber ich kannte mich aus in dem alten Jagdrevier des Vaters: weite, lichte Kiefernwälder. Es roch nach Harz und trockenem Holz. Auf einem ausladenden Ast hatten sich Schwarzstörche niedergelassen. Vorsichtig zog ich mich zurück und machte einen großen Bogen um den Baum. So stand ich unvermutet auf einer kleinen Lichtung. Wie oft hatten wir mit den Eltern hier Rast gemacht!

Am Rande zur angrenzenden Schonung hin wuchsen zwei Birken. Franz hatte vor Jahren ein Brett zwischen die eng zusammenstehenden Stämme geklemmt und eine Rückenlehne angebracht. Die kleine Bank war etwas zu hoch geraten, so daß der Vater mich immer wieder ermahnte, doch endlich stille zu sein, wenn ich beinebaumelnd mit ihm „auf Anstand“ saß. Auch jetzt flüchteten ein paar Karnickel ins Unterholz ... und kamen nach kurzer Zeit neugierig zurückgehoppelt. Überwältigt von der Schönheit und dem Frieden um mich herum, vom Schmerz und einer unbegreiflichen inneren Freude, lag ich ausgestreckt auf dem samtenen Moospolster und schaute weinend in den Himmel. Worte wie ein Lied kamen mir in den Sinn:

Nur Geduld, mein kleines Menschlein,
weinen macht das Herz so schwer!
Sieh die Wälder, sieh die Wiesen
und die Blumen um dich her.
Bist du nicht durch dieses alles
tausendfach, ja, reich beschenkt?
Liegt doch schon in einer Blüte
eine Wunderwelt versenkt ...

Ohne Schreibzeug hatte ich Angst, das kleine Gedicht aus meinem Gedächtnis zu verlieren, deswegen sagte ich es immer wieder vor mich hin, bis es fest eingeprägt war ...

Aus der Ferne drangen Stimmen an mein Ohr: „Hallo, wo bist du?“ Freudig meinen Korb schwenkend, lief ich den anderen entgegen.

Allmählich wurde der gesamte Nachlaß meiner Eltern gesichtet. Dabei fand man auch ein Schreiben meiner Mutter:

Meine lieben Kinder! Wenn Ihr diesen Brief lest, bin ich nicht mehr unter den Lebenden. Denkt bei allen Entscheidungen daran, ob sie auch im Sinne Gottes sind, aber wenn das noch zu schwer ist, ob Ihr sie im Sinne Eurer Eltern treffen könnt.

Eure Mutter

Nie hätte ich solche Worte in ihrem Herzen vermutet, nun wiesen sie mir einen Weg und bestätigten die Kraft, aus der ich soviel Hilfe erfuhr.

Eine Klassenarbeit hatte das Thema: Interpretation eines „Erdachten Gesprächs zwischen Luther und Melanchton“. Ich schrieb zum ersten Male von meinem Geheimnis: den nächtlichen Gebeten, der Begegnung mit dem Tod, der Erfahrung von Hilfe und Trost. Der Lehrer merkte an: „Dies ist ein Glaubensbekenntnis und entzieht sich meiner Beurteilung.“

Mein Leben verlief als Gratwanderung zwischen dieser inneren Kraft und jähem Absturz in Verzweiflung, Rebellion, Unsicherheit. Eine große Sehnsucht nach Geborgenheit und Liebe bewegte mein Herz. Ich ging oft ins Kino und sah mir viele romantische Filme an – träumte von Zärtlichkeit und Glück. Jede Annäherung an eine der Mitschülerinnen richtete sich immer zuerst auf die Eltern, auf den heimlichen Wunsch, daß irgendjemand einmal sagen könnte: „Komm zu uns, wir möchten noch eine Tochter haben." Diese Einstellung verhinderte dann alle echte Freundschaft. Wie sollten die anderen dies auch verstehen können, sie hatten ja alles, was sie brauchten. So blieb ich allein.

Im Herbst 1939 brach der Zweite Weltkrieg aus. Einige der geliebten Lehrer mußten an die Front, auch unser Klassenlehrer, den wir „Charly" nannten: Eigentlich war er gar kein Typ für einen Spitznamen, jedenfalls lag keine Verachtung darin, eher liebevolle Vertrautheit. Seine Deutschstunden waren ein Erlebnis. Es gelang ihm, in uns die Liebe zur Literatur zu wecken, den Wunsch nach körperlicher und geistiger Bildung ... Charly war ein guter Pädagoge, ein liebevoller Familienvater, ein ausgezeichneter Sportler. Sein Lachen war befreiend, seine Gegenwart wohltuend, durchsichtig und klar sein ganzes Wesen! Wenn wir nachmittags spazierengingen, war Charly meistens an der Spitze, doch bis zum Heimkommen hatte er bestimmt mit jedem Mädchen gesprochen, nach unserem Zuhause gefragt, hier und da einen Rat gegeben, dort getröstet und erklärt. Wie sehr habe ich immer auf diese kurzen Begegnungen gewartet! In der Zeit des Zusammenlebens entstand eine Basis des Vertrauens und der Liebe, wie es Antoine de Saint-Exupéry seinen „Kleinen Prinzen" sagen läßt: „Man sieht nur mit dem Herzen gut."

Nach dem Abitur schloß sich nahtlos der Arbeitsdienst an. Er war kein Zwang, aber wer eine weiterführende Ausbildung plante, mußte die Teilnahme nachweisen. Mich verschlug es in den Spreewald, eine Gegend in der Lausitz, vorwiegend von Sorben besiedelt, die sich bisher standhaft gegen die Eingliederungspläne Hitlers gewehrt hatten und ihre eigene slawische Muttersprache beibehielten. War ihr Widerstand auch nicht offen, setzten sie doch allem, was von der Regierung angeordnet wurde, ihre Verachtung und Ablehnung entgegen. Dazu kam, daß unsere Lagerführerin, aus sehr einfachen Verhältnissen stammend, ohne höhere Schulbildung, sich in der Partei „hochgedient" hatte und nur ein Ziel verfolgte: „den feinen Damen mit den Seidenstrümpfen" – den Abiturientinnen –

doch endlich einmal das Arbeiten beizubringen. Es gab damals durchaus eine Zweiklassengesellschaft: Die einfachen Leute konnten das Schulgeld für die Oberschule nicht bezahlen und schickten ihre Kinder in die Volks- bzw „Pantoffelschule", wie sie verächtlich genannt wurde. Erst 1934/35 wurde dies geändert und allen Kindern der Zutritt zum Gymnasium ermöglicht.

Nach einer kurzen Einweisung wurden wir zum ersten Mal zu unserem Bauern geschickt. Dort wurde nur sorbisch gesprochen, wir waren von jeder Kommunikation ausgeschlossen. Ich hatte mir von Anna zwar einige Tips geben lassen, wie man das Heu am geschicktesten auf den Wagen stakt und den Stall richtig ausmistet, und ich gab mir große Mühe, alles richtig und schnell zu erledigen, hörte aber selten einen Dank oder Anerkennung. Abends taten uns alle Knochen weh. Der anschließende politische Unterricht war eine Tortur: Heute wollen wir über die verschiedenen *Erziehungsstiele* sprechen, hatte die Leiterin groß an die Tafel geschrieben. Natürlich im Hinblick darauf, daß der nationalsozialistische der einzig richtige sei.

Ein Grinsen und Kichern machte sich breit angesichts des Schreibfehlers. „Sabine, Brigitte aufstehen ... So bleibt ihr bis zum Ende der Stunde! Ich werde euch lehren, die Anordnungen des Führers ernst zu nehmen!" Keiner machte mehr einen Mucks. Wir waren froh, die Zeit einigermaßen ungeschoren zu überstehen. Ständig mit dem Schlafe kämpfend, die Hände in den Rücken gelegt, um auf den harten Stühlen etwas abgepolstert zu sein und die Schmerzen zu lindern ... doch „gefruchtet" hat die ganze „Belehrung" bei uns nichts.

Doch da gab es auch andere, die Kinder der Bauern und einfachen Leute, an schwere Arbeit gewöhnt und geübt. Sie waren oft zum ersten Male aus ihrer dörflichen Umgebung herausgekommen und freuten sich jetzt an flotten Uniformen mit Hut, ein Traum vieler junger Mädchen damals. Eigene schöne Lederschuhe ... zum Arbeiten trugen wir blaue Baumwollkleider und rote Kopftücher. Hübsch sah das aus! Die Bauern lobten ihre Arbeit, verwöhnten sie und luden sie zu den Familienfesten ein.

Vier Wochen mußten wir jeweils bei unseren „Dienstherren" arbeiten, dann wurde gewechselt. Doch die Hoffnung, beim nächsten Mal einen etwas freundlicheren zu bekommen, war vergebens. Die „Damen mit den Seidenstrümpfen" waren bei den schmutzigsten und verbittertesten Zeitgenossen verpflichtet. Wir hatten an einem Pfosten in der Baracke ein Maßband aufgehängt, an dem für jeden beendeten Tag mit Erleichterung ein Zentimeter abgeschnitten wurde.

Eine Unterführerin versammelte uns heimlich in der Vorratsbaracke: „Haltet durch, leistet keinen Widerstand, ihr braucht den Schein, um weiterzukommen...!“ Das war schon sehr gefährlich für sie: Wären wir aufgeflogen, hätten diese Worte nicht nur ihre Karriere beendet, sondern sie womöglich ins Konzentrationslager gebracht.

Das halbe Jahr ging vorüber. War die Arbeit auf dem Felde im Sommer noch einigermaßen erträglich, wenn sie auch in glühender Hitze verrichtet werden mußte, folgte mit dem nassen, kalten Herbst noch eine Steigerung. Ich weiß nicht, ob es wirklich Tradition oder eine besondere Schikane war: „Wir müssen Kartoffeln hereinholen, es ist schon Frost angesagt.“ Der Bauer fuhr mich im Pferdewagen auf das weit abgelegene Feld, lud ein Brett, einige leere Säcke und eine etwa sechzig Zentimeter lange dreizinkige Hacke ab und sagte dann zu mir: „Nu' mach mal. Mittags hole ich die Kartoffeln!“

Grauer Himmel, endlose Weite, der Horizont verschwamm im Nebel. Wolkenfetzen jagten über den Himmel. Ab und zu fegte ein Regenschauer, vermischt mit einigen Schneeflocken, über das Land.

Der Stiel war zu kurz, um stehend die Kartoffeln zu ernten... So legte ich einen Sack auf das

Brett und kniete darauf nieder. Von Pflanze zu zu Pflanze vorrückend, buddelte ich die Früchte aus dem Boden ... Nur schnell, damit man nicht auch noch fror bei der Arbeit. An meinem Rock hatte sich eine dicke Kruste festgesetzt, die mitgenommenen Handschuhe waren längst wieder in der Tasche verschwunden. Die feuchte Erde wirkte wie Schmierseife an dem Holzstiel, der längst nicht mehr griffig war und dauernd wegrutschte. Die Knie taten weh ... Es war das erste Mal in meinem Leben, daß ich von Menschen so grundlos verachtet und gehaßt wurde ...

Um der Wut und Empörung keinen Raum zu geben, schrie ich all die auswendig gelernten Gedichte aus der Schule, „Die Bürgschaft“ und den „Osterspaziergang“, „Der Taucher“ und den „Prometheus“ in das triste Grau:

„Bedecke deinen Himmel, Zeus,
Mit Wolkendunst,
Und übe, dem Knaben gleich,
Der Disteln köpft,
An Eichen dich und Bergeshöhn!
Mußt mir meine Erde
Doch lassen stehn
Und meine Hütte, die du nicht gebaut,
Und meinen Herd,
Um dessen Glut
Du mich beneidest.“

Nicht jede Zeile stimmte ... aber es war eine große Erleichterung und innere Freude.

„Gut gemacht", rang sich der alte Bauer eine Anerkennung ab, als er die gefüllten Säcke am Mittag abholte. Dann Essen und Stalldienst ... endlich Feierabend. Mit dem Fahrrad etwa fünf Kilometer zurück zum Lager ... duschen ... Wärme ... ausstrecken ... politischer Unterricht ... Es war ein harter Tag!

Im letzten Monat unseres Dienstes, als wir schon alle hoffnungsvolle Pläne für das „Danach" schmiedeten, wurden wir für ein weiteres halbes Jahr zum „Kriegshilfsdienst" zwangsverpflichtet. Es gab drei Alternativen: Munitionsfabrik – Straßenbahnschaffnerin – Krankenhaus oder Lazarett, wer Medizin studieren wollte. Das hatte ich zwar nicht vor, entschloß mich aber dennoch für das letztere und wurde umgehend dem Kreiskrankenhaus zugewiesen. Nach einer kurzen Schulung wurden wir auf den Stationen verteilt und lernten schnell, die Schwestern zu entlasten.

„Sie haben heute Einzelwache bei der Lungenentzündung in Zimmer drei, spritzen sie stündlich Veriazol, Kardiazol, Sympatol, subcutan ... Hoffentlich übersteht es die Frau, sie hat drei kleine Kinder."

Bleich, mit eingefallenen Augen lag sie in den weißen Kissen ... „Das schaffen wir schon!" Ich nahm ihre Hand, sie war glühend heiß ... pünktlich gab ich die Spritze. „Oh mein Gott", betete ich, „laß sie leben, laß sie leben."

Nach Mitternacht wurde der Atem ruhiger. Immer wieder kontrollierte der Arzt ihren Puls. „Sie sind über den Berg", sagte er am nächsten Morgen bei der Visite. Erleichterung und Freude ...

Im Schwesternheim teilte ich mir mit Brigitte ein Zimmer. Sie arbeitete auf der inneren Männerstation und wollte wirklich Medizin studieren. Einzige Tochter einer Beamtenfamilie aus einem kleinen Städtchen in der Lausitz, hatte es viele Opfer gekostet, ihre bisherige Ausbildung zu finanzieren. So war der Arbeits- und nun auch der folgende Kriegshilfsdienst für sie eine erhebliche finanzielle Entlastung.

Brigitte war sehr groß und dünn, fast zerbrechlich, begierig, schon jetzt möglichst viel für ihr späteres Studium zu lernen. Als ich nach einem dreitägigen Urlaub ins Krankenhaus zurückkam, empfing man mich mit einer merkwürdigen Scheu. Brigitte war tot und bereits beerdigt. Die Eltern reagierten fassungslos, fragten immer wieder nach Ursachen, nach letzten Worten. Ich konnte ihnen keine Antwort geben. Sie hatten ihre Tochter nicht mehr sehen dürfen ...

Die Zeit danach war traurig und leer. Was hatte sich ereignet? War es eine Infektion, die verschwiegen wurde? Fleckfieber? Ich gab alle Stoffe, die wir gemeinsam berührt hatten, sicherheitshalber in die Wäsche, nahm Infektionsmittel und reinigte Bett, Türen und andere Gegenstände. Doch die Angst legte sich nach einigen Wochen, jeder neue Tag forderte meine Aufmerksamkeit und Kraft ...

„Die Praktikantin hat alle Arbeiten auf der Station zu unserer vollen Zufriedenheit ausgeführt", stand auf meinem Entlassungsschein ... Wie wird es weitergehen?

Die nächste wichtige Entscheidung für mich war die Berufswahl. Was sollte ich tun? Meinen Traumberuf, Hausfrau und Mutter zu werden, konnte ich nicht allein verwirklichen. Keiner gab eine Weisung, sah meine Begabungen, dämpfte meine Träume ... Die Interessen schwankten zwischen Stewardeß und Journalistin, Jura und Landwirtschaft. Das hing viel davon ab, welchen Film ich gerade gesehen hatte, und wer sich darin am geschicktesten den richtigen Mann an Land zog.

Der Vormund bestärkte mich in meinen Überlegungen: „Du kannst nicht arbeiten, du hast nie sparen gelernt", meinte er, „sieh zu, daß du einen geeigneten Partner kennenlernst ... Nur reich genug muß er sein, damit er dir deine Faxen bezahlen kann." Oh weh!

Zu diesem Zweck ging ich nach Berlin und studierte vier Semester munter vor mich hin. Wer in diesem dritten Kriegsjahr ohne Beschäftigung war, wurde sehr schnell zwangsverpflichtet und meistens in eine Munitionsfabrik oder ein anderes „kriegswichtiges" Unternehmen gesteckt. Das „Alibi-Studium" war zunächst einmal eine gute Gelegenheit, diesem Schicksal zu entgehen – trotz sehr interessanter Vorlesungen bin ich nicht wirklich ernsthaft an meine Fächer herangegangen. Da war zunächst die Herausforderung, nun plötzlich ganz auf eigene Füße gestellt zu sein ohne die „Rundumversorgung" der Familie, des Internats, des Arbeits- und Kriegshilfsdienstes. Ein kleines Zimmer in Lichterfelde-Ost, Souterrain, nur ein Drittel des Fensters befand sich über der Erde ... Kein Sonnenstrahl fiel in den Raum, eine Kochmöglichkeit war nicht vorhanden, damit den Eigentümer keine „Düfte" störten.

Auf der Lebensmittelkarte war jedem Bürger *seine* Ration zugewiesen. Sie war aufgeteilt in viele anderthalb Zentimeter große „Marken": dem Kleinkind mehr Milch, dem Schwerarbeiter mehr Fett und Fleisch. Es gab Marken für Süßigkeiten, für Tabak, für Zucker und Nährmittel und vieles andere mehr. Große Familien konnten sich besser helfen, besonders wenn sie keinen Raucher unter sich hatten und die kostbaren Tabakmarken in andere Waren umtauschten.

Natürlich gab es noch die Anna, die mich so gut versorgte, wie sie konnte. Doch beim Mittagessen im Restaurant spielten weder Geld noch schöne Augen eine Rolle, sondern einzig und allein das kleine Märkchen, das man dafür opfern wollte. Allerdings gab es noch erhebliche Unterschiede, wer mit den vorhandenen Zutaten doch noch ein halbwegs schmackhaftes Essen zuwege brachte, und deswegen habe ich wohl sämtliche großen Restaurants und „Feinschmeckertempel" am Kurfürstendamm, Unter den Linden, in der Friedrichstraße und am Potsdamer Platz „durchprobiert".

Zum Glück traf ich eines Tages eine ehemalige Klassenkameradin. Sie absolvierte in Berlin ihre Ausbildung als Medizinisch-technische Assistentin. „Laß uns doch zusammenziehen, es ist viel leichter zu zweit. Mein Zimmer in Steglitz ist groß genug, die Wirtsleute sehr freundlich, eine Kochgelegenheit vorhanden und ebenso ein separater Eingang", bot Waltraud mir an. So räumte ich denn Sack und Pack – besser gesagt „Säckchen und Päckchen" – zusammen, denn ich hatte mich in meiner unbehaglichen Behausung noch gar nicht richtig eingerichtet, und zog zu meiner Freundin in ihr großes Zimmer im fünften Stock.

Berlin machte damals im Jahr 1942 noch einen sehr friedlichen Eindruck. Es gab keine Zerstörungen, und Bombendrohungen nahmen wir nicht sehr ernst. Das Radio kündigte zwar an: „Feindliche Verbände in Richtung Landeshauptstadt", doch bisher wurden sie entweder abgedrängt oder hatten wichtigere Ziele: Rüstungsindustrie, Verkehrsknotenpunkte, Brücken ...

Bis zum Herbst 1943. Wieder meldete der Lautsprecher: „Feindliche Geschwader im Anflug auf Berlin ..." Wir waren damit beschäftigt, Essen zu kochen, als die ersten Bomben fielen. Eilig, die immer griffbereite Tasche mit den wichtigsten Papieren fassend, einen Mantel und eine Decke unter dem Arm, stürzten wir die Treppe hinunter in den Luftschutzkeller. Es war das erste Mal, das wir alle Bewohner dort versammelt sahen. Familien mit Kindern hatten sich in einer Nische stabile Hochbetten gebaut. Die schweren Rundhölzer stützten gleichzeitig die Decke ab. Einige lagen recht gemütlich in Liegestühlen, andere saßen zusammengekauert auf einem Klappstuhl oder einer Kiste. Die Brandmauern zwischen den Häusern waren durchbrochen, so daß man auch die Leute aus den Nebengebäuden sehen konnte.

Immer näher kamen die Detonationen. Kinder fingen an zu weinen, Waltraud umklammerte meinen Arm. Dann ging das Licht aus ... ein Aufschrei ... Kerzen wurden rasch angezündet ... eine furchtbare Erschütterung folgte, ganz nahe ... es gab ohrenbetäubenden Lärm, und Kalk rieselte von den Wänden. Aus den anderen Häusern drängten verstört ein paar Leute in unseren Keller. „Wir können nicht mehr raus, unser Haus brennt ..." Noch immer hörten die Einschläge nicht auf. Dann endlich Ruhe und Entwarnung.

Wir stürzten nach draußen. Geschrei, Feuersturm, hastende, verwundete Menschen. Die Straße war von Trümmern versperrt. Wir kletterten darüber hinweg, nur fort von hier ... Überall brannte es, verzweifelte Frauen versuchten aus ihren Wohnungen noch etwas zu bergen ... zum Bahnhof ... Ein Zug stand abfahrbereit am Gleis. Als wir das vertraute Rattern der Räder wahrnahmen, löste sich der Schock: Wir weinten und wußten, daß wir noch einmal davongekommen waren.

„Ich muß wieder zurück, um meine Ausbildung zu beenden", sagte Waltraud.

„Bleib hier, du kannst in eurem Betrieb mitarbeiten. Pietschke ist nun auch eingezogen worden, da wird jemand gebraucht", riet der Vormund. So kehrte ich in die schützende Heimat zurück und mußte erst einmal abwarten ...

Zu Hause hatten sich die Auseinandersetzungen fortgesetzt – meine Anwesenheit verstärkten sie noch und führten schließlich zur Eskalation. Mein Bruder schnallte sich einen Ledergürtel um, steckte eine geladene 765er-Pistole aus dem Waffenschrank des Vaters in den Hosenbund und drohte, jeden zu erschießen, der seinen Befehlen nicht gehorchte. Wir nahmen das im ersten Augenblick gar nicht so richtig ernst und versuchten ihn zu beruhigen. Niemand sah die innere Not des Jungen. Als der Vormund zufällig ins Haus kam, schrie mein Bruder: „Raus hier, ich bin der Chef!" Unser Vormund übersah die gefährliche Situation, benachrichtigte die Polizei, und wenig später kamen zwei Männer, von denen er sich willenlos abführen ließ. Hilfesuchend schaute er mich an – man wies ihn in die geschlossene Abteilung einer Nervenklinik ein. Es war so furchtbar ...

Ich verkroch mich in mein Zimmer, ließ niemanden hinein. Die sichere Grundlage unserer Geborgenheit, die Eltern, das Ansehen bei den Nachbarn und Freunden – alles war verlorengegangen. Wenn ich den Bruder in der Klinik besuchte, hatte ich oft den Eindruck: Ein falsches

Wort und die behalten auch mich hier! Wer war Täter, wer Opfer, wer Verursacher dieses ganzen Leides?

Nach einem Vierteljahr kehrte Max verhältnismäßig ruhig nach Hause zurück. Es gab jetzt andere Probleme.

Flucht

Gefährlicher Weg nach Westen

Im Januar 1945 fuhren die ersten Flüchtlingswagen durch unsere Stadt. Anna kam aufgeregt vom Einkauf zurück.

„Wo kommen sie her?“ fragte ich.

„Aus Beuthen, Kattowitz, Lublin ...“

Ich schaute im Atlas nach: „Das ist noch weit!“

Franz hatte eine stabile Kiste gezimmert, um etwas von unserem guten Geschirr einzupacken.

Der Flüchtlingsstrom wurde stärker, fast ununterbrochen rollten jetzt die Fahrzeuge durch die Stadt. Es war bitterkalt draußen. Der Bürgermeister ließ den Schützensaal herrichten, damit sich die Menschen etwas aufwärmen konnten. Wir brachten ihnen eine Fuhre Stroh und Kartoffeln. Das Rote Kreuz hatte eine Gulaschkanone aufgestellt ... doch die meisten Flüchtlinge ruhten nicht aus und fuhren weiter ... auch in der Nacht!

Anna hatte drei Hühner geschlachtet und eine kräftige Suppe gekocht. Wir reichten sie an der Straße.

„Wo kommen sie her?“

„Aus Glogau, Bunzlau ...“ Noch etwa hundert Kilometer entfernt.

Wir waren wie erstarrt und konnten keinen vernünftigen Gedanken fassen. Nachts sah man jetzt einen Feuerschein am Himmel und hörte ein dumpfes Grollen. Viele sagten, wir dürften die Stadt nicht verlassen, bevor der Räumungsbefehl gegeben ist, aber die Nebenstraßen wurden immer leerer, und auf dem Wege nach Westen drängten sich Militärfahrzeuge, Flüchtlingswagen, Fahrräder oder Menschen, die nur eine Tasche unter dem Arm trugen ...

Der Vormund kam. Mit den Tränen kämpfend, stammelte er: „Geh' fort, das ist besser für dich ... ich kann nicht. Ein Leben lang habe ich gearbeitet, um alles aufzubauen ... im vorigen Jahr noch den Obstgarten neu angelegt ... das Dach frisch gedeckt ... es geht nicht, wir bleiben hier. Mach dich schnell auf den Weg und gibt auf dich acht ...!

Die ersten Granaten schlugen in die Stadt ein und lösten Panik aus.

„Ich erschieße mich jetzt", sagte mein Bruder. Ein scheuer Blick von ihm ... „Nun geh schon!" Ich fühlte mich elend und einsam. Franz hatte irgendwo Benzin aufgetrieben und unseren Lastwagen wieder flottgemacht. Voll beladen mit seinen Sachen, bot er an, auch einen Koffer von mir mitzunehmen. Konnte ich ihm böse sein, daß er nach den Jahren des Zerfalls, der Streitereien, Verletzungen und Ungerechtigkeiten nun seinen eigenen Weg suchte? Anna schloß sich ihm an, versprach aber, bei dem nächsten Halt auf mich zu warten.

Ich nahm meinen vorbereiteten Rucksack, einen Brotbeutel über die linke, eine Tasche über die rechte Schulter und fuhr mit dem Fahrrad auf Umwegen aus der Stadt.

Die Hauptstraße war vollgestopft mit Flüchtlingen. Schreiend, peitscheknallend, fluchend, wenn sich ein Hindernis bildete, drängten sie vorwärts.

Es wurde dunkel. Offenbar kennt auch der Krieg eine Abendruhe. Immer seltener waren die Einschläge einzelner Granaten zu hören, das Tempo auf der Straße verlangsamte sich wieder. Ob ich wohl noch einmal zurückfahren konnte ...?

In den letzten Tagen waren viele Bauern mit ihren Gespannen auf unseren Hof gekommen, um Futter für die Tiere zu kaufen. Einige ließen aus Angst, von den Russen überrollt zu werden, alles zurück und liefen zum Bahnhof, wo sie tatsächlich einen bereitgestellten Zug erreichten. Wir versorgten die Pferde, die herrenlos in unserem Schuppen standen.

In dem ungewohnten Zwiespalt von Mein und Dein, von Besitz und Freigut, siegte meine Liebe zu den Tieren, und ich fuhr wieder zurück. Zwei kleine Panjepferdchen spannte ich an unseren vor Jahren umgebauten, viel zu großen und zu schweren LKW-Anhänger, warf einen Sack

Hafer und ein paar Sachen auf die Plattform. Der Gedanke, daß ich bei dieser Gelegenheit auch einen geeigneten, wenn auch fremden Wagen „mitgehen" ließ, kam mir damals nicht.

An der nächsten Straßenkreuzung stand ein Feldpolizist: „Lassen Sie diese Leute hier aufsteigen. Es sind zehn Personen!" Alle verzweifelten Erklärungsversuche, daß ich völlig unerfahren und die Tiere doch viel zu schwach für solch eine Last seien, halfen nichts. Auch die Appelle an die Flüchtlinge, wenigstens nebenher zu laufen, blieben ohne Erfolg. So nahm ich die Zügel an die Hand, streichelte tröstend den Kopf der Tiere und flüsterte: „Das habe ich nicht gewollt." Ich weinte und schimpfte und trottete siebzehn Kilometer auf ebener Strecke bis zur nächsten Ortschaft weiter.

Inzwischen war es Nacht geworden. Schon am Nachmittag zeigte das Thermometer fünfzehn Grad unter Null. Meine Mitfahrer waren durchgefroren und suchten sich einen Platz auf den vorbeiziehenden Militärfahrzeugen. Eine Scheune bot etwas Schutz vor der Kälte ... Ich warf den Tieren genügend Futter hin und legte mich in das weiche Heu auf dem Wagen. Verschwommen waren die Sterne zu sehen. Oh, mein Gott ... Du wirst mich führen ...

Im schwachen Morgengrauen zog ich weiter. Der lange Anstieg, der nun folgte, war mir bekannt. Wie sollten die Pferde das schaffen? Um den eventuell zurückrollenden Anhänger zu stoppen, wenn die Tiere nicht mehr zogen, nahm ich ein Stück Balken vom Straßenrand mit. Es ging eine Weile gut, dann kam uns ein Panzer entgegen: „Beeilt euch, wir sprengen die Brücke über die Neiße."

Jeder fuhr, so schnell er konnte. Die Nachkommenden fluchten: „Gib doch die Peitsche her, daß die Krüppel laufen ..." Ich hatte gar keine, bog nach rechts in einen Feldweg ein, spannte die Tiere aus, nahm meine Tasche, den Rucksack und einen Beutel mit zwei Dauerwürsten, die mir Anna im letzten Moment noch zugesteckt hatte, und stellte mich an die Straße. Ein paar junge Soldaten, verschmutzt und erschöpft, kamen mit ihren Gespannen vorbei. Sie fuhren die kleinen Wagen mit den Panjepferdchen, wie ich sie gerne gehabt hätte. „Hier, meine Wurst", warf ich einem meinen Beutel zu. Er zögerte kurz: „Los, festhalten, bei nächster Gelegenheit kannst du aufsteigen!" Ich lief – stolperte – fing mich wieder – die eine Hand an den Wagen geklammert, keuchte ich hinter dem Fahrzeug her. Die schweren Winterstiefel scheuerten die Füße wund. Ab und zu schaute sich der junge Soldat um, ob ich auch mitkäme, dann endlich ein kurzer Halt. Er stellte sich mit einem freundlich klingenden österreichischen Dialekt vor: „Heinrich heiße ich, wir sind seit Wochen auf der Flucht, drei Wagen von unserem Troß sind noch beieinander..." Er machte mir ein wenig Platz auf dem Gefährt, so fuhren wir über die ersehnte Brücke in die kleine Stadt Forst ein. Geschafft!

Die Menschen atmeten auf. Überall an den Straßenrändern sah man Flüchtlingswagen, die Sonne schien, Tassen mit dampfendem Getränk wurden von Hand zu Hand gereicht. Die Soldaten brachen mir ein großes Stück Brot ab. Wie köstlich es schmeckte! Dann holten sie unter ihrer Plane ein Glas eingemachte Kirschen hervor ... – „und das ist der Nachtisch", sagte Heinrich lachend. Seine weißen Zähne blitzten in dem verstaubten Gesicht, die Lippen und Hände waren von der Kälte blutig aufgerissen ... Wir aßen die süßen Früchte, auch die Teelöffel fehlten nicht. Alles auf der Flucht irgendwo mitgenommen, von Unbekannten zubereitet ... und ich dachte daran, daß vielleicht auch das Obst in unserem Keller, von Anna und der Nanne im Herbst eingemacht, jetzt für einen anderen eine ebenso köstliche Erfrischung war wie dieses für mich!

Alles bewegte sich, wir waren in einen Strudel geraten und wurden von Zeit zu Zeit an den Rand gespült, um ein wenig auszuruhen ... bis der Sog uns wieder in eine unbekannte Tiefe riß! Ein Entrinnen war nicht möglich. In allen Städten waren Posten der Feldgendarmerie aufgestellt, um das zurückflutende Heer wieder aufzufangen und erneut in den sinnlosen Kampf zu schicken.

Die jungen Männer kamen aus der Steiermark; vier Freunde, in der Not zusammengeschweißt, erfahren, gewitzt, lebenshungrig. Sie versorgten an der Front die kämpfende Truppe, waren in Polen abgeschnitten worden und nun schon seit Tagen und Nächten unterwegs. „Morgen werden wir uns melden, aber heute ist noch ein freier Tag!“ Jeder der vier nahm ein paar Frauen auf, die irgendwo verloren am Wege standen, und gab ihnen von dem ab, was sie hatten.

„Wir werden Cottbus umgehen und auf Feldwegen in Richtung Spremberg fahren“, beschlossen die vier. „Und heute abend gibt es noch ein Festessen.“ In einem verlassenen Bauernhof fanden wir eine Unterkunft. Zwei Soldaten stellten ein Dreibein auf und hängten einen großen runden Topf daran. Heinrich holte unter der Plane ein Reh hervor, die anderen zogen ihm das Fell über die Ohren, zerkleinerten es ... Alles war da:

ein Brett zum Schneiden, Zwiebeln und andere Gewürze, Teller und Becher, Brot in ausreichender Menge. Ich glaube, es hat ihnen gut getan, statt ihrer Kameraden wenigstens uns bewirten zu können ... „Voilà, der Wein!" Zum Glück hatten sie nur drei Flaschen. Wir legten uns wie die Ölsardinen in der Büchse auf das Stroh und schliefen sofort ein.

Am nächsten Tag standen wir an der Stadtgrenze Sprembergs. Mehrere Kasernengebäude lagen gut getarnt im Walde verstreut. Dumpf hörte man das immer stärker werdende an- und abschwellende Geräusch von Flugzeugen. Ein großes feindliches Bombergeschwader zog über unseren Köpfen in Richtung Süden. Staffel an Staffel, ungestört, wie zu einer Paradevorführung. Dann baute sich über den ganzen Horizont eine schwarzdunkle Wolke auf. Wie bei einem schweren Gewitter sahen wir roten Feuerschein aufblitzen. „Dort liegt Dresden", sagte eine Frau erschrocken, „die armen Menschen!"

Immer noch zogen die Bomber über uns hinweg. Plötzlich löste sich aus dem dumpfen Geräusch ein helleres Pfeifen. „In Deckung!" schrien die Soldaten.

Wir stürzten in den Wald, warfen uns in einen neben der Straße herlaufenden Graben und preßten die Hände an die Ohren. Mehrere gewaltige Detonationen folgten. Unmengen märkischen Sandes wurden in die Höhe geschleudert, Äste flogen von den Bäumen und trafen uns beim Niederfallen ... dann gespenstische Stille. „Ein Blindgänger“, rief Heinrich, „fort von hier!“ Er rannte in die entgegengesetzte Richtung. Ich stand auf meinem Platz, war wie gelähmt, konnte keinen Schritt gehen. Heinrich kam zurück, nahm meine Hand und zog mich gewaltsam fort. Wir liefen, duckten uns hinter einen Erdhügel und warteten auf die nächste Explosion.

Es folgte nichts mehr, aber die Zerstörung war furchtbar! Die Soldaten gingen zur Kaserne, sahen das ganze Ausmaß der Verwüstung. „Da könnt ihr nicht vorbei.“ Mehrere Bomben hatten die vollbesetzte Unterkunft getroffen.

Unsere Pferde waren in panischer Angst auf die Wiese galoppiert, nun standen sie zitternd an einem Zaun. Ein Wagen hing mit der Hinterachse in einem riesigen Krater. Im Wald fand ich meine Tasche mit den Papieren wieder und das Geld, der Rucksack blieb verschwunden.

Was soll's ... wir leben!

Der Abschied war kurz. Weinend zogen wir unseres Weges, einsam, verlassen, ungeschützt, es war alles so traurig. Die Soldaten stellten sich dem zuständigen Kommando. Ob sie das letzte Inferno wohl überlebt haben ...?

In Sachsen wohnte ein Patenonkel, vielleicht konnte ich dort für's erste unterkommen. Er war Rittergutspächter. Die Familie lebte seit Generationen auf einem alten Herrensitz. Oft und gern sind wir mit den Eltern dorthin gefahren. Die Mütter waren einmal im gleichen Pensionat in Thüringen, und daraus war eine lebenslange Freundschaft entstanden.

Der Sohn des Patenonkels hatte vor Jahren in einer prunkvollen Hochzeit eine Frau aus Ostpreußen geheiratet, nun standen schon viele Flüchtlingswagen aus ihrer Heimat auf dem großen Hofe. Es war ja so schwer, einfach ins Ungewisse zu ziehen, ein Name, ein Ort gab neuen Halt und Hoffnung und hatte auch mich dorthin geführt. Die Begrüßung war kurz: „Was willst du denn hier?" Ich wußte nicht, daß mein Vater dem Gut immer im Frühjahr einen großen Kredit bis zur Ernte gewährt hatte. Der neue Geschäftsführer konnte das nicht mehr verantworten, daher die frostige Begrüßung. „Im Gesindehaus ist noch eine Kammer frei, ein Bett, ein Stuhl, ein kleiner Kanonenofen. Wenn es kalt wird, gibt es Holz in der Scheune, Feuer mußt du selber machen."

Die alte Küchenfrau, Ida, nahm mich in den Arm: „Mein Gott, wo kommst du denn her und so allein ... Nun mach schon, das schaffen wir ..." Dabei wischte sie sich mit ihrer dunkelblauen, derben Schürze ein paar Tränen aus den Augen, holte einen großen hölzernen Zuber mit warmem Seifenwasser und half mir, die schweren Stiefel auszuziehen. Nun tat auf einmal alles weh ... „Mein Gott, daß du damit so weit laufen konntest! Nachher bringe ich eine gute Salbe von zu Hause, die macht immer alles heil."

Über zwanzig Personen setzten sich zum Essen an den langen Tisch, und in der Gesindestube waren es nicht weniger. Im Stall standen dreißig prachtvolle Kühe, Schweine, Hühner, Schafe. Es gab Obst in Hülle und Fülle – hier wird kein Mangel sein. Da war die Ida in der Küche ... es wird schon gutgehen ... „Komm, ich zeig dir, wie man Klunkersuppe kocht", sagte sie, „das kannst du dann jeden Tag für uns tun, und ich habe mehr Zeit für andere Dinge."

Der Schritt von der „Herren-" in die „Gesindeklasse" fiel mir nicht schwer. Bei den Eltern gab es diese Unterschiede nicht. Ida stellte einen großen Topf auf den Herd, schüttete ein entsprechendes Maß Wasser hinein. „Nun laß das mal kochen, Salz nicht vergessen, dann nimmst du diese Schüssel mit Mehl und kippst es dazu. Mit dem Schneebesen gut umrühren, damit die Klunkern nicht zu groß bleiben und ungar sind. Dann noch die Milch hinein, so viel, bis eine schöne sämige Suppe entsteht ..."

Vierzehn Tage später erreichte mein Bruder mit einem bekannten Ehepaar das Gut. Sie waren auf abenteuerliche Weise aus der schon von Russen besetzten Stadt entkommen. Noch nie habe ich ihn so selbstbewußt und heiter erlebt. Der schweren Last des elterlichen Erbes enthoben, machte er sich überall nützlich: Er half im Stall, in der Küche, kutschierte die Pferde auf den Acker und war sehr beliebt. Wochen vergingen ...

Es war eine Riesenarbeit, täglich das Geschirr für fast fünfzig Menschen zu spülen. Drei Mahlzeiten, die Becken zu niedrig – oder ich zu groß – Stunden in gebeugter Haltung verursachten Rückenschmerzen ... und draußen Frühling – Sonne – Wärme!

Warum bin ich damals nicht weitergezogen? Soldaten im Urlaub oder Kurierdienst, Freunde der Familie, kamen ins Haus: „Geht fort, der Russe steht an der Neiße und sammelt seine Truppen. Nur noch wenige Wochen oder gar Tage und er wird hier sein. Es gibt keinen Gegenschlag."

Wie sollte das geschehen? Wenn die Herrschaft floh, schloß sich das Gesinde an. Und die vielen Tiere, die Jahrzehnte gehegt und gepflegt wurden ...? Ein großer Treck nach Westen war unmöglich, die Straßen waren immer noch mit Flüchtlingen überfüllt, die irgendwo eine neue Bleibe suchten. Aber ich, unabhängig und frei?

Vielleicht blieb ich, weil eine Anschrift weiter westlich fehlte, kein bekannter Name neuen Halt bot, eine gute Klunkersuppe am Abend, ein Dach über dem Kopf und eine Ida in der Küche nicht die schlechteste Lösung waren!

Am 20. April fielen die ersten Granaten auf die große Scheune, Sekunden danach schlugen Flammen aus dem Dach. In den Gutshof fuhr ein feindlicher Panzer. Wir waren in das untere Kellergewölbe geflüchtet. Schimmelige Mauern, ein Pilzgeruch lag in der Luft, es war kalt und feucht. Ein paar Kerzen verbreiteten ein schwaches Licht. Ich hatte einen Beutel Mehl mitgenommen, bestäubte mit der Hand meine Haare, band das Kopftuch wieder fest und kauerte mich auf die Bank. Ida drückte meinen Arm. Ein paar Soldaten stürmten die Treppe herunter – gingen vorbei – suchten offenbar nach versprengten Deutschen und verschwanden wieder. Einer der Flüchtlinge aus Ostpreußen sprach polnisch: „Hier sind nur alte Leute, nein, keine Soldaten mehr, die sind alle weg". Sie verstanden die Worte – es waren Polen.

Am Tag wurde geplündert und gemordet. Jeder, der irgendwie verdächtig war, wurde ohne Verhör erschossen – auch mein Bruder. Er trug immer einen Wehrpaß bei sich mit dem Vermerk

„nkv" – „nicht kriegsverwendungsfähig", was ihn als Zivilisten auswies, doch die polnischen Soldaten konnten das nicht lesen ... Es gab keine Tränen, der Tod war etwas Alltägliches geworden.

Nach acht Tagen wurden wir von deutschen Truppen befreit. Sie waren so leise gekommen, wie die Polen verschwanden, kein Schuß fiel. Der Kampf fand woanders statt.

Der Patenonkel drängte zum Aufbruch. Während der Besetzung hatten die Soldaten Unmengen von Beutegut zu ihren polnischen Landsleuten gebracht, die schon seit Jahren auf dem Gute arbeiteten. Nun baten sie uns flehentlich, ihnen die Sachen abzunehmen, um nicht wegen Plünderns von den Deutschen erschossen zu werden. Nichts lieber als das! Wie auf einem Basar suchten wir heraus, was wir brauchen konnten. So kam ich unverhofft zu einem kleinen Besitz, packte alles in einen wunderschönen Lederkoffer und deponierte ihn auf einem der vorbereiteten Wagen. Ich nahm einen Rucksack auf, hängte den Brotbeutel über die linke, die Tasche mit dem Geld und den Papieren über die rechte Schulter und trottete nebenher. Es ging sehr langsam voran. Alle Pferde waren gestohlen, nur ein paar recht eigenwillige Ochsen standen zur Verfügung. Jeder kleine Berg wurde zu einem Problem. Der Patenonkel lieh sich dann von irgendwoher ein Pferdegespann und zog Ochsen und Wagen den Hügel hinauf.

Inzwischen waren die Straßen wieder „voll". General Schörner sollte die Russen aufhalten, und die Flüchtlinge würden jenseits der Elbe auf den Amerikaner stoßen. Alles bewegte sich wieder einmal ...

Der Mann aus Ostpreußen, den man wegen seines unaussprechlichen Namens immer nur „Onkel" nannte, hatte zwei herrenlose Fahrräder besorgt. Nun waren wir die „Meldereiter" und konnten schon jedes Hindernis im voraus ankündigen.

Kurz sind die Gebete am Straßenrand, geboren aus der Sehnsucht, wieder Frieden zu haben: kein Töten mehr, kein schutzloses Umherirren ...

Ich weiß nicht, wieviele Tage wir unterwegs waren – Sonntag? – Montag? – Dienstag? Sie hatten längst ihren Namen verloren. Auch nachts fuhren wir mit den schweren Wagen weiter, um möglichst schnell die Elbe zu erreichen. Eine kurze Rast. Ich legte meinen Teppich in den Straßengraben, schlief müde und erschöpft ein, bis die Geräusche auf der Straße mich wieder aufschreckten.

Endlich Bad Schandau, die Brücke war noch nicht zerstört, die ersehnte Freiheit greifbar nahe! Doch die Ochsen zogen die Uferböschung nicht hinauf. Keiner lieh mehr ein Gespann aus, wir mußten umkehren. „Seid ihr wahnsinnig, da ist doch der Russe!" Wir wußten es, doch es gab keinen anderen Weg, als längs der Elbe in Richtung Tetschen-Bodenbach zu ziehen.

Im Morgengrauen läuteten die Glocken ... ein Fenster wurde aufgerissen: Der Krieg ist aus, Friede – Friede!

Von der Nacht durchfroren, standen wir auf einer Straße, zweihundert Kilometer von unserem Ausgangspunkt entfernt, hatten schon lange das „Morgen" aus unseren Plänen gestrichen, denn das „Heute" füllte unser Denken ganz aus. Irgendwann ist ein Herz gesättigt von Leid und beginnt, wieder die kleinen Dinge zu sehen. Die Sonne schien und erwärmte uns allmählich, es gab heißen Tee. Ich sah die Blumen am Weg und in den Gärten, das Wasser der Elbe, wie es träge dahinfloß, die saftigen grünen Auen, die sich bis zum Ufer erstreckten, hörte die Vögel singen und in das tiefe Blau des Himmels aufsteigen: Frieden!

Die ständige Gefahr hatte uns waghalsig gemacht, mutig konnte man das schon nicht mehr nennen. Vor uns lag Tetschen-Bodenbach. „Komm", sagte der Onkel, „wir fahren in die Stadt, mal sehen, was da los ist". Mit den Rädern rollten wir die wenigen Meter bergab. Die Straßen waren menschenleer. Ob die Bewohner wohl in den Kellern saßen und voller Angst auf die Begegnung mit den Russen warteten? Auf dem Marktplatz standen einige Rot-Kreuz-Wagen mit frischen Pferden davor. Sie tänzelten in den Geschirren ... niemand zu sehen weit und breit. „Kannst du reiten?" Er warf den Zugriemen über ihren Rücken, nahm die langen Zügel hoch und schwang sich auf ein Pferd. Ich folgte ihm nach. Im Galopp ging es aus der Stadt und zu unserem Treck zurück. Die Leute glaubten Gespenster zu sehen, als wir mit den Pferden angeprescht kamen.

„Schnell, tarnen!" Der Onkel fuhr mit der Hand durch die Radnaben, strich dann mit dem Fett durch Mähnen und Schwanz, rieb Staub von der Straße in das glänzende Fell. In kurzer Zeit waren aus den prachtvollen Rössern schmutzige Ackergäule geworden. Nun noch eine Decke darüber, damit man das Brandzeichen nicht sah, den Gruß aus seiner ostpreußischen Heimat Trakehnen.

„Onkel, dort unten auf der Wiese steht ein ‚Fuchs'. Ich glaube, das Tier ist verletzt, wir müssen es holen." Es war noch immer erstaunlich ruhig überall, die Flüchtlinge waren damit beschäftigt, ihre Wagen in die andere Richtung zu drehen ... von den Russen noch nichts zu sehen.

Der erfahrene Landwirt prüfte mit Kennerblick das hübsche Pferd: „Das ist kein Problem, es ist zu lange geritten worden und hat nun einen Satteldruck."

Immer wieder stolperte es mit den Vorderfüßen über den herunterhängenden Zügel. „Nimm es mit, es wird sich schnell erholen." Ein Kinderwunsch ging in Erfüllung. Zärtlich streichelte ich seinen Hals: „Goldstückchen sollst du heißen!" So hatte mein Bruder mich immer genannt, wenn er nach erbittertem Streit wieder die Versöhnung suchte.

Nicht weit entfernt, zwischen Elbe und Straße, stand ein langer Güterzug. Die Waggons waren alle eingerichtet. In einem von ihnen standen Betten, er diente wohl als Schlafstube, die blauweiß karierten Bezüge exakt gefaltet, eine graue Decke am Fußende; ein anderer als Schreibstube. Mittendrin – kaum zu glauben – ein Waggon als Stall. Auf dem Boden lag frisches Stroh, und an der Wand hing ein nagelneuer Sattel. Es war bald wie im Märchen, wo auf geheimnisvolle Weise Wünsche in Erfüllung gehen. Ich nahm das kostbare Stück vom Haken, legte es vorsichtig auf den Rücken des Pferdes und lehnte den Kopf an seinen Hals.

„Komm, schnell zurück", zerrte mich der Onkel aus meinem kurzen Traum „vom höchsten Glück der Erde". Gerade rechtzeitig erreichten wir die Straße, um uns samt „Goldstückchen" hinter dem Troß zu verstecken. Ein dumpfes Grollen wie ferner Donner näherte sich unserem Standort, dann preschten die siegreichen Soldaten der russischen Armee heran. In Sechsergespannen galoppierten sie, daß die Funken auf dem Asphalt stoben. Männer standen auf den Kanonen oder Wagen, die Arme schwenkend, ballerten sie jubelnd in die Luft. Stundenlang zogen die Kolonnen vorbei, es war wie eine Szene aus einem historischen Film, ein gigantisches Schauspiel.

Dann kamen die Fußtruppen. Sie hatten mehr Zeit. Alles bewegte sich wieder einmal: Polnische Zwangsarbeiter strömten zurück in die Heimat, nahmen sich gelegentlich Pferde und Wagen und ließen die Besitzer zu Fuß weiterziehen – französische und englische Kriegsgefangene gingen nach Westen – deutsche Soldaten in Zivil versuchten, sich bei den Flüchtlingen zu verstecken – Russen jetzt überall ... „Uri, uri", riefen sie und zogen sich den Schmuck wie Trophäen auf den Arm. Willig wurde ihnen alles gegeben, was sie verlangten, die Angst, Widerstand mit dem Leben zu bezahlen, war viel zu groß. Aber jetzt war Frieden, auch diese Männer konnten nicht mehr willkürlich töten, ohne Mörder zu sein. War das schon in ihr Bewußtsein, ins Herz gedrungen?

Der Onkel sprach nur noch polnisch. Laut schrie er einen Fluch, und wir echoten „Dobsche, dobsche“ hinterher. Er war schon ein Schlitzohr! Seine Vertrautheit mit den polnischen „Brüdern“ ging mir gelegentlich ein wenig zu weit, aber wir blieben vor dem Ärgsten verschont.

Auf dem ganzen Wege zurück sah man die Spuren des letzten Kampfes – oder waren es die Folgen des Mordens und Plünderns? Tote Tiere, brennende Häuser, ausgeräumte Geschäfte, zerstörte Gärten. Ich ging zwischen Flüchtlingswagen, Fußgängern und Radfahrern, „Goldstückchen“ am langen Zügel hinter mich herziehend, die Straße entlang. Ein russischer Soldat reichte mir eine Tafel Schokolade – ob er mich wohl auch für eine Gefangene hielt? Spassiba ...

Die Pferde zogen die Wagen drei Tage und drei Nächte bis kurz vor das Tor, dann kamen zwei Räuber und spannten sie aus, den Rest schafften die Ochsen. Aufatmend fuhren wir in den Gutshof ein. Das Hauptgebäude war abgebrannt, doch die Küche, die Stallungen und die Gesindekammer waren noch zu bewohnen. Feuer in den Herd, einen Topf darauf, Bauern aus dem Dorfe brachten eine Kanne Milch: Klunkersuppe ... Nun saßen wir alle an einem Tisch, einige weinten, aber Menschen hatten wir nicht verloren ...

Es gab keine Ruhepause. Die Kühe auf dem Feld brüllten erbärmlich und mußten gemolken werden. Herumstreunende Soldaten zwangen uns, ständig wachsam zu sein, um wegzulaufen oder uns rechtzeitig zu verstecken: hinter der Tür, unter dem Tisch, in der Futterkiste – es war entsetzlich. Wegen der Übergriffe wagten wir uns nicht mehr nach draußen.

Ein junger russischer Offizier kam in die Küche, völlig überraschend. Ida versuchte sich vor mir aufzubauen. „Nein, habt keine Angst ... habt keine Angst", wiederholte er. Er nahm mich an der Hand, führte mich aus dem Haus, in den Hof und auf die Felder hinaus. Wir setzten uns an einen Wiesenrain. „Mein Vater ist Arzt, er hat in Wien Medizin studiert. Meine Familie und viele Russen lieben die Deutschen. Der furchtbare Krieg, fast alle Freunde sind gefallen. Warum ...?" Ich erzählte von den Toten in unserem Dorf, meinem Bruder, der verlorenen Heimat ... Ganz scheu strich er über meine Hand: „Ich heiße Yura."

Wir gingen nach Hause. Es war wie ein Traum, aber er kam wieder. Jeden Morgen, fragte, ob die Soldaten etwas gestohlen hätten und brachte es vielfältig zurück. Unser Horizont wurde erweitert. Der Patenonkel wagte den ersten Besuch in der Stadt, dort hatte inzwischen eine kommunistische Gruppe die Amtsgeschäfte übernommen.

Jeden Tag gingen wir spazieren, sprachen über Gott und die Welt, sein Deutsch war hervorragend. Dann ging er zu der Tante. Ob er mich mitnehmen könne nach Rußland, er wolle mich heiraten, seine Eltern würden sich freuen. „Ich weiß nicht", sagte sie – „ich weiß nicht", wiederholte ich. „Morgen bringe ich ein Geschenk", entgegnete er. Dann ging er fort ...

Yura kam nicht wieder. Frauen aus dem Dorf erzählten, daß ein größerer Trupp Soldaten auf dem Bahnhof verladen worden sei. Ob seine Liebe zu uns Deutschen ihm zum Verhängnis geworden ist?

Es war jetzt Ende Mai. Der Patenonkel hatte unter Einsatz aller verfügbaren Kräfte noch Kartoffeln gesteckt, Mais und die Saat für das Futtergetreide in die Erde gebracht. Ich hatte Sehnsucht nach *meinem* Garten, nach Wiederaufbau und einem Zuhause. Ganz überraschend traf ich auf der Dorfstraße unseren Fleischer, bei dem wir immer die gute Knoblauchwurst am Samstag gekauft hatten.

„Wir gehen zurück. Hier ist der Russe, dort ist er, was hindert uns daran?"

Auf abenteuerliche Weise waren sie ausgerechnet in unserem Dorf gelandet, hatten alles verloren; ohne großen Ballast, brauchten wir nur noch ein Gefährt, um möglichst schnell ans Ziel zu gelangen. Der Onkel wollte uns behilflich sein. „Wir klauen uns ein paar Fahrräder von den Russen", meinte er lakonisch. „Auf dem Bahnhof stehen Hunderte unter strenger Bewachung zum Abtransport nach Rußland bereit, aber die hier stationierten Soldaten gehen sehr großzügig mit ihren Fahrzeugen um." Tatsächlich schaffte er es, dank seiner polnischen Sprache, seiner Gerissenheit und Bauernschläue, uns innerhalb eines Tages drei ganz passable Räder zu „organisieren".

„Ida, hast du nicht noch etwas Samen übrig?" Sie gab mir in einem Leinensäckchen Bohnen und Erbsen und ein paar Pflanzen aus ihrem Garten. Wie einen kostbaren Schatz packte ich alles sorgfältig ein, nahm den Eimer Schmalz von einem der notgeschlachteten Schweine mit und ein ganzes Brot. Den Lederkoffer gab ich ihr zur Aufbewahrung, und „Goldstückchen" vertraute ich dem Onkel an.

„Laß ihn nicht auf die Weide, er ist schon so hübsch geworden, man wird ihn gleich stehlen ... Ich bin immer bei Dunkelheit mit ihm spazieren gegangen, da konnte er genüßlich von dem saftigen Gras fressen, das am Wegesrand wächst."

Wir trafen uns beim nächsten Morgengrauen. „Die Tage sind jetzt lang, das Wetter ist gut, wenn wir Glück haben, können wir die Heimat noch heute erreichen."

Die ersten Kilometer ging es zügig voran, die Straßen waren leer. Offenbar schliefen die Soldaten noch ihren Siegesrausch aus. Doch am späten Vormittag wurde es lebendig. Immer wieder mußten wir uns verstecken, weil ein Trupp Russen vorbeimarschierte. Schließlich wichen wir ganz auf die Feldwege aus. Niemand hatte eine Karte. Nur unser Gefühl und einige vertraute Dorfnamen wiesen uns den richtigen Weg. Wie ein glutroter Ball glänzte die Sonne am Horizont, als wir noch etwa fünfzehn Kilometer vom Ziele entfernt waren. Vor uns lag ein Dorf mit russischer Besatzung. Sehnsüchtige Balalaika-Klänge drangen an unser Ohr. „Wir sollten hier im Wald übernachten", sagte Herr Müller, „es ist ja nicht kalt, ein Lager aus Zweigen, das wird schon gehen."

Plötzlich stand ein Russe vor uns. Niemand hatte ihn rechtzeitig bemerkt. Er schaute auf meine Klingel am Lenker und fragte, ob er sie haben dürfe. Bevor er auch das Rad mitgehen ließ, holte ich eine kleine Zange, die ich immer bei mir hatte, aus der Manteltasche und schraubte das begehrte Stück ab.

„Spassiba", sagte er höflich, nahm Zange, Klingel und ging fort. Doch nach wenigen Metern drehte er wieder um und gab mir das Werkzeug zurück. „Kommt mit“, forderte er uns auf, „nicht gut im Wald schlafen, zu kalt und gefährlich. Ich werde euch im Dorf einquartieren!“

Zögernd folgten wir seiner Einladung. Beim ersten Haus hielt er an. Es sah sehr ärmlich aus. Eine alte Frau trat aus der Tür.

„Hier Gäste“, sagte der Soldat.

„Nein“, erwiderte sie böse, „die laß ich nicht rein, dann kommen die Russen und wollen das Mädchen haben.“

Der junge Mann zog die Maschinenpistole und richtete sie auf sein Gegenüber: „Du machst Lager ... ich bringe Essen ... Du wirst kochen ... sonst du tot ...“

Dann verschwand er und kam nach kurzer Zeit mit drei großen Karpfen zurück. Die arme Frau mußte sie uns zubereiten. „Heute nacht wird keiner kommen, ich passe auf. Morgen früh ich wecken und Brot bringen ...“ Und so geschah es ... Um sechs Uhr brachen wir zur letzten Etappe auf und erreichten bald unser Heimatstädtchen ...

Mein Vormund stand am Tore. Fassungslos schaute er mich an: „Wo kommst du denn her ... und mit dem Fahrrad ... hier hat niemand mehr eines, die Russen haben alles beschlagnahmt.

Kehr' wieder um, geh nicht ins Haus. Es sieht furchtbar aus. Was die Russen nicht mitnahmen, haben sich die Deutschen geholt, nur noch Müll und Gerümpel ist in den Zimmern, da kannst du nicht bleiben ..."

„Oh, mein Gott ... jetzt bin ich so weit gefahren. Mein Bruder ist tot, ich bin allein, ganz bestimmt gibt es für mich einen Platz, wo man leben kann. Ich werde es versuchen."

Unser Haus war „ausgeschlachtet", doch nicht leer. Meterhoch türmte sich Gerümpel, Schmutz, Papier in den Räumen. Nirgends fand ich etwas Vertrautes. Wer hatte den Müll hierhergebracht? Wie wilde Tiere ihre „Duftmarken" absetzen, um ihr Revier zu markieren, hatten die Fremden offenbar alle Ecken als Toilette benutzt ... Es stank fürchterlich.

Auch die Lager waren geräumt. Im Holzstall hing kein Werkzeug mehr an der Wand. Die Bürotische lagen im Hofe ... aufgequollen vom Regen.

Der große Birnbaum stand in voller Blüte, und im Garten hatten die Beerensträucher gut angesetzt. „Nutzt nischt ...", hätte die Mutter gesagt. Ich fing sogleich damit an, ein altes Regal an der Wand aufzustellen, um dort meine „Schätze" zu sammeln: brauchbare Nägel, Schrauben jeder Art, Draht, Scharniere, ein silbernes Besteck ... Im obersten Stock der großen Remise gab es noch einige Knäuel gutes Sisalbindegarn. Ich schleppte Säcke die eiserne Wendeltreppe hinunter, als mir ein russischer Soldat entgegentrat. „Hau ab, das ist mein Haus", schrie ich ihn an. Verdattert hob er, wie um Entschuldigung bittend, die Hände und verschwand.

Den ganzen Tag hatte ich geschuftet und mir abends zwischen dem Gerümpel ein gutes Versteck zum Schlafen gesucht. Die Fenster waren dicht und die Türe gut verkeilt. Trotzdem hörte ich nachts ein verdächtiges Knirschen. Schritte näherten sich, ein Lichtstrahl huschte durch den Raum. Ich duckte mich tief auf den Boden. Dann ging er in den ersten Stock, suchte offenbar nach irgendetwas oder irgendjemanden ...? Ob es der Russe vom Nachmittag war, dem ich so barsch die Türe gewiesen hatte ...? Wer sonst konnte wissen, daß es in diesem Hause noch Leben gab? Alles Wertvolle war ohnehin verschwunden. Endlich wurde es wieder still ... Die Türe blieb offen, und ich schlief vor Erschöpfung bis zum nächsten Morgen ...

Drei Tage hatte ich gearbeitet, war schmutzig, verschwitzt, die Hände blutig aufgerissen, träumte davon, in absehbarer Zeit mit einem Wagen zurückzukommen – gezogen von „Goldstückchen" –, um alles wieder aufzubauen ... da stand plötzlich ein polnischer Offizier im Zimmer. Ich erklärte ihm, wer ich sei und was ich vorhatte.

„Gehen Sie fort", sagte er in fließendem Deutsch, „in wenigen Tagen wird die polnische Armee hier einziehen und das Land besetzen. Alle Deutschen werden zwangsweise ausgewiesen." Mit zwei Fingern strich er mir zärtlich über die Wange, hob die Hand zum Gruße, „nahm Haltung an"... und ging wieder.

Traurig war die Rückfahrt ... aller Hoffnung beraubt, fuhr ich nun endgültig über die Neiße nach Westen. Merkwürdigerweise hielt mich niemand an, obwohl es in dieser Zeit, an diesem Ort kaum noch einen Deutschen mit Fahrrad gab. Mitten durch die russischen Soldaten nahm ich meinen Weg. Es hatte keinen Sinn mehr, sich zu verstecken. Sie sahen mich an, erstaunt, überrascht, einige winkten mir zu!

„Ida, da bin ich wieder. Es ist alles umsonst gewesen ... aber die Bohnen habe ich gesteckt, auch die Erbsen sind in der Erde. Wer wird sie wohl ernten?"

Sie holte den hölzernen Zuber mit warmem Seifenwasser herbei. Ich badete meine aufgerissenen, schmerzenden Hände darin ... „Nachher bringe ich die gute Salbe, das wird schon wieder ..."

Ein paar Tage später, ich war gerade in Idas Haus, fuhr eine Kutsche mit einigen Männern der neuen Regierung vor – die mich abführten. Ich sei eine Spionin, erklärten sie und brachten mich ins Gefängnis.

Ein leerer Raum – ein kleines vergittertes Fenster – eine Pritsche in der Ecke – viele Zeichen an der Wand ... War hier alles zu Ende ...? Mein Gott, wie soll es weitergehen? Ich dachte an Folter und Tod. Die Angst ließ mein Herz rasen. Es wurde Nacht. An Schlaf war nicht zu denken. Schritte näherten sich und entfernten sich wieder ... Im Dunkeln versuchte ich die Umrisse des Raumes auszumachen. Bis zum anbrechenden Morgen blieb ich hellwach, bis der erste Lichtschein die Zeichen an der Wand wieder sichtbar machte ...

Dann wurde ich zum Verhör geholt. Ich sei eine Spionin, wurde wiederholt. Mit viel Phantasie und einigen „Indizien" aus meinem Zimmer hatten sie eine Anklage gegen mich zusammengebastelt: „Wir haben Ihr Studienbuch gefunden! ‚Die Presse der großen Mächte', ‚Völkerrecht', ‚Sinn und Chance der Diplomatie'... Was haben Sie dazu zu sagen?"

Ich wußte darauf keine Antwort zu geben. Sollte ich ihnen gestehen, daß ich studiert hatte, um an der Universität meinem Traummann zu begegnen?

„In einem Brief schreiben Sie von ‚Goldstückchen'. Ist das ein verdeckter Mitarbeiter, ein Spitzel? Das kriegen wir schon raus ...“

„Kein Problem, so heißt mein Pferd. Ich sah es auf den Elbwiesen bei Tetschen-Bodenbach, verwundet und herrenlos. Jeder im Dorf wird das bestätigen.“

Die Männer ärgerten sich offensichtlich darüber, daß ich nicht vor Angst zitternd und um Gnade bettelnd vor ihnen niederfiel. Sie waren in den dreißiger Jahren als Kommunisten nach Moskau emigriert und nun – nach ihrer „Ausbildung“ – wieder „heimgekehrt“, um in der neuen Verwaltung mitzuwirken. Es war das gleiche Schema wie bei den Nazis, nur mit anderen Vorzeichen, und erinnerte mich schmerzlich an die Arbeitsdienstzeit: Haß, Überheblichkeit, Machtanmaßung. „Wir können doch diesen unfähigen Leuten nicht unsere Zukunft überlassen“, sagten angesehene Persönlichkeiten in der Stadt und arbeiteten beim Wiederaufbau mit. Gott sei Dank kannte mein Patenonkel einige von ihnen. Sein großer Einfluß bewirkte meine Entlassung und befreite mich aus meiner mißlichen Lage.

„Geh fort, dein Leben ist in Gefahr!“ sagte er, erschüttert von den Ereignissen.

„Wohin denn nur?!“

„Irgendwo in den Westen!“

„Irgendwo, irgendwo, ich kenne niemanden, überall Flüchtlinge, die Städte zerstört ...“

„Geh fort, die kommen wieder! Du wirst ein neues Zuhause finden. Ich habe Nachrichten aus dem Südharz, dort leben Verwandte direkt an der Grenze. Ich werde dich begleiten“, sagte der Onkel.

Ich packte ein paar Sachen zusammen, reichlich Proviant, nahm den Teppich, einen Koffer, hängte den Brotbeutel über die linke Schulter, die Tasche mit dem Geld über die rechte und machte mich erneut auf den Weg.

Ein paar Züge verkehrten schon wieder, sie waren so voll, daß viele auf dem Dach und den Trittbrettern mitfuhren, aber der Onkel schaffte es natürlich, drinnen einen Platz zu bekommen. Es war abend, als wir an unser Ziel gelangten. Die Verwandten lebten schon einige Zeit hier und kannten sich aus.

„Heute ist es günstig, Fjedor hat Dienst, da kannst du rüber!“

„Jetzt gleich, so schnell?“

„Ja, es ist am besten so.“

Ich nahm Koffer und Teppich, hängte mir irgendwie die Taschen um. Der Onkel umarmte mich: „Du wirst es schaffen.“

Ein Mann kam bis zum Bahnhof mit. Er gab einem patroullierenden russischen Soldaten einen Wink und wandte sich dann wieder an mich: „Hier diesen Weg entlang, immer geradeaus, da ist schon die Grenze. Es wird dich niemand aufhalten. Im Wald bist du ‚drüben'. Dahinter ist ein Dorf, geh in das erste Haus, die wissen Bescheid. Morgen wirst du weitergehen. Nun lauf ..."

Ich ging den beschriebenen Weg, im Wald war es schon ganz dunkel, stolperte und fiel, durch die Bäume hindurch blinkten die Lichter des Dorfes. Nun war ich in der Freiheit ... es konnte ja nur besser werden!

Neuanfang

Endlich zu Hause angekommen

Die freundlichen Menschen in dem kleinen Dorf im Südharz nahmen mich herzlich auf. Ich fühlte mich befreit und gefangen zugleich: befreit von der Angst, jeden Augenblick wieder ergriffen und eingesperrt zu werden... gefangen von der Sehnsucht nach Geborgenheit, nach einem Zuhause, wo man auf den anderen wartet, wenn er einmal weg ist, und sich auf sein Wiederkommen freut, wo man liebevoll miteinander umgeht. Auf den Gedanken, einen Beruf zu erlernen, um irgendwann unabhängig zu sein, kam ich überhaupt nicht. Ich wollte Abhängigkeit, wollte an Menschen gebunden sein, die ich brauchte und denen ich etwas bedeutete – Gemeinschaft im besten Sinne, in Offenheit und Wahrhaftigkeit, Freundschaft und Liebe. Also ging ich weiter auf die Suche. Sollte es nicht irgendwo einen Platz geben, von dem ich sagen könnte: „Hier möchte ich leben!"?

„Du wirst es schaffen", hatte mich der Onkel beim Abschied ermutigt. Ich kaufte mir eine Fahrkarte in Richtung Kassel, dort gab es noch eine Adresse. Bekannte meiner Eltern waren nach der Machtergreifung Hitlers fortgezogen. Dem Mann, Mitglied der Freimaurerloge, wurde der Eintritt in die nationalsozialistische Partei verweigert. Ärgerlich darüber – und vielleicht auch aus Sicherheitsgründen – ging er nach Hessen, in ein kleines Städtchen, wo ihn niemand kannte und er eine neue Heimat fand. Ich wußte nur noch den Namen, eine Verbindung bestand schon lange nicht mehr.

Es war Ende Oktober, ein kalter nebliger Spätherbsttag. Die Mitreisenden waren sehr gesprächig ... und neugierig. Wohl auch wegen meines etwas merkwürdigen Aufzuges: schwere Winterstiefel, ein sehr schöner, fast neuer Lederkoffer (von den Polen „übernommen“) und ein zwar ziemlich abgetragener, aber doch von „besseren Zeiten“ zeugender Wintermantel. Hier, in dieser fast unzerstörten Gegend, kleidete man sich schon wesentlich modischer. Wo ich denn herkomme und hinwolle, wurde ich gefragt.

„Nach Hessen? Ja, haben sie denn einen Passierschein?“

Nun wurde ich erst einmal darüber aufgeklärt, daß es im Westen auch nicht nur eine reine Freude mit der Freiheit sei: „Wir haben hier drei Zonen, die britische, die amerikanische und die französische. Wenn sie nach Kassel wollen, brauchen sie eine Einreisegenehmigung.“

Einer der Mitreisenden reichte mir ein Stück Papier im DIN A5-Format, ohne Bild, mit kurzem

Text und einem Stempel der Militärregierung. „An der Grenze müssen wir alle raus, dann wird der Zug durchsucht und jeder einzelne überprüft. Steigen Sie am besten schon vorher aus, und versuchen Sie es auf der Landstraße. Die Leute, die geschnappt werden, kommen erst einmal ins Lager!“

„Bei dem Wetter und meinem Gepäck? – Wetten, daß ich es auch so schaffe?“ Schließlich war ich bei dem Onkel in eine gute Lehre gegangen. Ich riß aus meinem Studienbuch – das mir jetzt als Ausweis diente, weil es mein Bild, aber nicht den protzigen Hakenkreuzstempel trug und zufällig das richtige Format hatte – ein Blatt heraus, faltete es zusammen und steckte es in die Tasche. Zwei Stationen weiter erfolgte die beschriebene Zeremonie: „Alles austeigen“, riefen die GIs mit kehliger Stimme. Sie sahen mürrisch aus und hatten es offenbar sehr eilig, bei diesem Wetter wieder in ihre Unterkunft zu kommen. Fröstelnd und drängelnd schob ich mich hinter dem Rücken eines Soldaten vorbei. „Hallo Frollein“, rief er erstaunt. Lässig griff ich in die Tasche und winkte mit meinem „Zettel“ ... „Okay“, stieß er kurz hervor und wandte sich beruhigt dem Nächsten zu.

Die Mitreisenden freuten sich über meinen Erfolg, nicht zuletzt, weil es geglückt war, den

Amis eins auszuwischen. Das ist wohl bei allen Besatzungsmächten der Welt so: Auch wenn sie als Befreier kommen, sie werden nicht sonderlich geliebt.

Der Start war geglückt. An meinem Zielort fand ich die gesuchte Adresse im Telefonbuch. Klingeln, ein Staunen, ich stellte mich vor. „Wo kommst du denn her?" Eine große Freude über mein Erscheinen war nicht zu entdecken, aber der Mann sagte, daß er jetzt im Rate der neuen Stadtverwaltung säße, weil er ja kein Nazi gewesen sei, und dafür sorgen würde, daß ich eine Aufenthaltsgenehmigung erhielte und damit Lebensmittelkarten und Wohnung zugewiesen bekäme.

Ich suchte die entsprechenden Ämter auf und machte mich auf den Weg zu meinem neuen Zuhause. Der Koffer war schwer, die Finger klamm, der Teppich rollte immer wieder auseinander, weil der Riemen gerissen war ... endlich stand ich vor dem richtigen Gebäude – eine Bäckerei!

Die Vermieter begrüßten mich freundlich, das Zimmer war groß und warm. Es zeigte jene Mischung von Mobilar, das irgendwo zuviel war und nun diesen Raum bewohnbar machen sollte. Doch da war wieder so eine „Ida" – diesmal hieß sie Alvine! „Ich stelle Ihnen immer etwas vom

Mittagessen unter das Kopfkissen. In unserem großen Haushalt fällt das ab ..."

Am nächsten Tag ging ich zum Arbeitsamt.

„Was haben Sie gelernt?" fragte der Beamte.

„Abitur, vier Semester Studium in Berlin ..."

„Also nichts", ergänzte er.

„Können Sie kochen?"

„Ja ... Klunkersuppe!"

„Wie bitte?" Der Mann blickte vom Schreibtisch auf und sah mich neugierig an.

„Klun ... ach, ich glaube, das reicht nicht."

„ ... und Nähen?"

„In der Schule hatten wir Handarbeiten."

„Also viel ist das ja nicht, aber hier gibt es so eine Art Künstlergemeinschaft, die organisieren eine Truppenbetreuung bei den Amis und brauchen gelegentlich neue Kostüme. Ich werde sehen, was sich machen läßt. Kommen Sie bei Gelegenheit wieder vorbei. Der Nächste bitte!"

Alvine klärte mich auf: „Also, bei den Amis, das ist ein prima Job. Da gibt es zwar wenig Geld, aber Zigaretten und Schokolade und auch sonst einiges, was wir schon lange entbehren. Damit kann man alles tauschen: Essen, Radio, Kleidung, Schuhe. Man muß nur die richtigen Leute und die Preise kennen. Ich mach das schon. Bei uns in der Backstube fällt nämlich auch einiges ab, damit besorge ich dann alles, was wir brauchen."

Nach einem Monat bekam ich den ersten Lohn und bei jedem „Auftritt“ unserer Künstler, den wir begleiten durften, von den Amis Zigaretten, Tee und Schokolade.

Alvine besorgte mir ein schönes Radio. Der Teppich von Zuhause mit seinen satten dunkelroten Farben, immerhin anderthalb mal zwei Meter groß, ein bunter Schal über dem alten grauen Sessel, eine helle Tischdecke, von meinen Wirtsleuten „gestiftet“, schafften bald eine wohnliche Behaglichkeit, die auch Alvine immer öfter anzog, bei mir einzukehren. Da strickten wir aus „aufgeribbelten“ Pullovern neue Kleidungsstücke und nähten aus einer Decke eine Jacke für das kommende Frühjahr. Alvinchen, wie sie liebevoll von den Kindern des Wirtes genannt wurde, war, wie unsere Anna zu Hause, ganz jung in Stellung gekommen und hatte nie den Umkreis der kleinen Stadt verlassen. Immer wieder mußte ich von der Flucht, den kleinen und großen Abenteuern berichten.

„Wie war das mit den Amis?“ Begierig lauschte sie auf das, was ich zu erzählen hatte ... Nachts träumte ich davon: Einmal stand ich mit vielen Menschen unter einem offenen Schuppen. Es regnete Metallsplitter vom Himmel. Sie zerschlugen alles und mähten das goldgelbe Getreidefeld vor unseren Augen nieder. Alle schrien mit erhobenen Armen zum Himmel. „Hört auf zu schreien", rief ich, „ihr müßt glauben, daß Gott da ist und *handeln wird!"*

Wer bin ich? In welchem Plan spiele ich eine Rolle? Wer bist du, Gott?... Ich hatte das Gefühl, einem Ziel zuzustreben, konnte aber nicht sagen, wo oder was es war... Bei einigen Entscheidungen, die ich zu treffen hatte, gab es einen ganz starken inneren sowie äußeren Widerstand – bei manchen anderen dagegen offene Türen. Ich lernte, durch die offenen Türen zu gehen, und bekam immer mehr Sehnsucht danach, diese unbekannte Macht, die meinem Leben eine Richtung gab, kennenzulernen. Allerdings sprach man nicht von Gott... auf die Idee, in eine Kirche zu gehen, bin ich erst viel später gekommen.

Die eintönige Arbeit bei der Künstlergruppe fand ich fast unerträglich. Der Kopf schmerzte, immer wieder mußte ich mich aufrichten, um den Rücken zu entlasten, die Gespräche waren oberflächlich, der Raum schlecht belüftet. Es gab soviel Wichtigeres zu tun. Alvine hatte zwei Stoffe besorgt, ich wollte für uns einen neuen Rock nähen – doch abends nach dem Heimkommen war ich müde und erschöpft. Eine Schneiderin hätte einen gut Teil meines Verdienstes – Zigaretten und Schokolade – gekostet. Ich war eingesperrt in einen Zeitplan, von morgens neun bis abends siebzehn Uhr, verrichtete eine Arbeit, die meines Erachtens unnütz war, und fühlte mich elend und unzufrieden. Zum Glück löste sich dieses Problem wieder einmal von selbst. Die Künstler fanden nach und nach ein Engagement beim Film oder am Theater.

Ich sträubte mich zu sagen, daß ich arbeitslos war. Ich war wieder frei, hatte einiges gespart, denn Alvinchen versorgte mich so gut, daß ich kaum etwas nebenher brauchte, und für Geld gab es ohnehin nur wenig zu kaufen. Außerdem hatte ich immer noch ein paar „Scheinchen" von zu Hause in meiner Tasche.

Zu meinem Geburtstag schenkte mir eine liebe alte Dame aus ihrer Aussteuer ein Geschirrtuch aus reinem Leinen. „Ich habe noch eines", sagte sie mit strahlenden Augen, „das bekommen Sie zu Weihnachten!"

„Oh, nein, zu meiner Verlobung im nächsten Jahr."

„Ja, haben Sie denn einen Freund? Ich habe doch gar nichts bemerkt."

„Nein, aber *ich weiß es"*, erwiderte ich mit freudiger Gewißheit.

Also ging ich wieder auf „Menschensuche". Alvine bewahrte inzwischen meinen kleinen Besitz.

Jetzt konnte ich verhältnismäßig frei reisen, besaß einen Passierschein für die „Zone“ und eine gute Adresse im Südharz, um in das russische Gebiet zu gelangen. Immer mehr Leute „brauchten“ mich als Kurier, und schließlich stellte ich fest, daß ich ein kleiner Schmuggler geworden war. Meine „Unternehmungen“ wurden leichtsinniger und unvorsichtiger. Das erste Weihnachten im Frieden stand bevor. Alvine fuhr in ihr Heimatdorf, die Wirtsleute gaben kein Signal, mich zum Fest einzuladen, also machte ich mich am Heiligen Abend auf den Weg, um diese Tage bei den freundlichen Menschen an der Grenze zu verbringen. Bis Duderstadt ging es mit der Bahn, dann per Bus weiter. Er war anfangs voll besetzt und leerte sich allmählich. Bald war ich nur noch allein im Wagen. Der Fahrer war freundlich und gesprächig.

„Ich bringe Sie bis zu dem Weg, der in ihr Dorf führt“, sagte er bereitwillig. Wir hatten die Häuser längst hinter uns gelassen, als er anhielt.

„Mädchen, ich hab' was mit dir vor...“ Er hielt mich mit der Hand so fest, daß es wehtat, die gierigen Augen machten mir Angst. Mit einem Ruck riß ich mich los und erreichte die Tür, fiel aus dem Wagen auf die vereiste Straße und lief, so schnell ich konnte, davon.

Etwa sechs Kilometer mußte ich gehen – der Schnee knirschte unter meinen Füßen – niemand war mehr zu sehen – über mir ein sternklarer Himmel – Heilige Nacht.

Alles, was mir an Weihnachtsliedern in den Sinn kam, sang ich laut in die Stille hinein, unaussprechlich geborgen, voll innerer Freude und großem Frieden. Als ich das kleine Dorf erreichte, waren meine Freunde gerade aus der Kirche zurück. Ich glaube, ich habe damals das tiefste und glücklichste Weihnachten erlebt ...

Ungehindert ging ich auf Schleichwegen über die Grenze, reiste zum Patenonkel nach Sachsen, besuchte die Schule in Thüringen, die inzwischen von Russen beschlagnahmt war, fuhr nach Berlin, um Verwandte zu treffen.

Ich schlief mit vielen anderen im Wartesaal, den Kopf auf die verschränkten Arme gestützt ... oder auf einer Zeitung am Fußboden ... knabberte ein Stück trockenes Brot und kehrte nicht ungern nach Hessen – zu Alvine, in die Bäckerei – zurück ... um nach kurzer Zeit wieder aufzubrechen, voll innerer Unruhe und Sehnsucht. Vielleicht nur, um von jemandem zu hören: „Bleib hier, das ist nicht gut für dich, du darfst dich nicht in solche Gefahr begeben!" Doch den einen gab es noch nicht ... Ich hatte unendlich viel Zeit, ergänzte mein Tagebuch ... dachte nach ...

Der erste Winter im Frieden ging vorüber.

„Bewahre zentrale Harmonie“ (Konfuzius), mit diesen Worten hatte Charly einmal eine Deutschstunde eingeleitet. „Bewahrt euch den inneren Frieden. Ein Lieschen Müller kann keine Greta Garbo sein, sucht nach eurer Identität. Jeder von euch ist ein Original mit ganz bestimmten Gaben – entdeckt sie, und ihr werdet zufrieden und glücklich werden.“

Alles Grübeln und Suchen nach einem möglichen Weg in die Zukunft endete immer wieder darin, daß ich Hausfrau und Mutter sein wollte. Dieser Beruf schien mir der freieste, vielseitigste und sinnvollste, um aus der Wurzel heraus – der Familie – das Land wieder aufzubauen. Jede Aktivität war letztlich auf dieses Ziel ausgerichtet ...

Wie aus einem „Urquell“ sammelte ich Kraft und Orientierung aus stillen, einsamen Stunden! Worte, in Verse gebunden, empfing ich als ein großes Geschenk:

Das laute Schreien des Tages ist verstummt,
ganz leis ein Melodienreigen summt
das sanfte Lied der Träume ein.
Erinnerungen wachsen aus dem Kerzenschein
empor zu neuem, schönerem Leben,
um unerschöpflich Kraft und Freude uns zu geben.

Wir denken gern an manche lustigen Stunden
und ahnen dunkel, ach, wie ist die Zeit geschwunden,
erst gestern war es, da wir so beisammen saßen,
die Sorgen, Müh und alles Leid vergaßen ...

Wir fühlen staunend die gewaltige Macht,
die Krieg und Frieden, Tag und Nacht,
im ewigen Wechsel neue Wunder bringt.
Ein kleiner Mensch steht schaudernd vor der Pracht,
das Denken um den Gott und Glauben ringt.

Es war inzwischen Frühjahr, im Herzen wuchsen hoffnungsvolle Gedanken, als ich eine junge Frau traf, die ich flüchtig kannte. „Hallo", sprach sie mich an, „ich komme gerade aus der Kreisstadt, da ist eine Stelle frei. Sie können doch etwas Englisch? Der Chef der deutschen Abteilung sucht eine Sekretärin ..." Dabei sah sie mich freundlich und aufmunternd an.

Sekretärin? Ich hatte bisher ein recht eigenwilliges Verhältnis zur Arbeit und wußte deshalb mit Anforderungen dieser Art nichts anzufangen. Ein paar Damen aus Kinofilmen kamen mir in den Sinn: hohe Absätze – okay, dafür würde Alvine sorgen – enge Röcke, knappe Pullover – das hatten wir uns inzwischen genäht – ein freundlicher, junger Chef ...?

Am nächsten Tag stand ich in dem Büro. Ein gutaussehender Herr, sicher weit über fünfzig, bat mich in sein Zimmer.

„Wer war Platon?“ fragte er ohne Vorrede.

„Ein griechischer Philosoph!“ entgegnete ich.

„Und Descartes?“

„Au Backe, war das nicht der mit dem „Ich denke, darum bin ich“? blickte ich ihn fragend an.

„Sind sie Balinerin?“

„Nee, aber aus der Gegend!“

„Spinoza?“

„Nie gehört.“

Als ich das so ausgesprochen hatte, erwartete ich eigentlich eine Absage. Er stand auf, führte mich in einen Nebenraum, in dem drei Stenotypistinnen auf ihren Maschinen klapperten ...

„Hier ist meine neue Sekretärin!“

Wenn das man gut geht, dachte ich ... Warum ließ er mich nicht etwas schreiben, dann hätte er doch gemerkt, was ich für eine Niete bin.

„Wann können Sie anfangen?“ klang es in meine Gedanken hinein.

„Sofort, ich muß nur noch einige Sachen holen.“

Mit reichlich gemischten Gefühlen und einem großen „Freßpaket“ von Alvine, machte ich mich wieder auf den Weg. Vielleicht reichte der Schreibmaschinen- und Stenokursus doch aus, den ich im Winter absolviert hatte (wenn er auch keine befriedigenden Ergebnisse erbrachte). Der Lehrer hatte gemeint, ich solle in dieser Richtung nicht mehr investieren. Die Ersparnisse waren aber fast aufgebraucht, irgendetwas mußte ich unternehmen.

In der neuen Heimat lief das gleiche Ritual ab. Mit der Arbeitserlaubnis bekam ich die notwendigen Lebensmittelkarten und eine Wohnung zugewiesen. Millionen Familien hatten im Krieg einen Sohn verloren – wollte denn niemand eine Tochter haben? Ich wünschte mir so sehr ein neues Zuhause mit einer „Ida" oder „Alvine", ein bißchen Geborgenheit und Wärme.

„Mindener Weg 72" stand auf dem Zettel, den mir der Beamte gab. Die Straße führte durch einen Außenbezirk. Kinder spielten mit ihren Bällen oder hüpften geschickt in den Quadraten von „Himmel und Hölle". Eine schwarz gekleidete Dame öffnete mir die Tür: „Ich komme gerade vom Wohnungsamt, Sie hätten ein Zimmer frei." Die Frau sah mich staunend an und trat einen Schritt zurück: „Sind Sie ein Engel ...?"

Wir gingen in ihre Wohnung, sie war einfach und gemütlich eingerichtet.

„Wir haben in den letzten Kriegstagen unsere Tochter verloren", begann sie das Gespräch, mühsam die Tränen unterdrückend. „Sie war in einem Internat hier in der Nähe untergebracht. Eine Bombe fiel auf die Stadt und tötete achtzehn junge Mädchen. Sie war eine von ihnen. Vor vier Monaten haben wir unsere zweite Tochter begraben, sie erwartete ein Kind und starb vor der Geburt an Gehirnhautentzündung." Ein Schluchzen unterbrach ihre Worte.

„Wo kommen Sie her?"

„Ich bin Flüchtling und habe keine Eltern mehr. Mein einziger Bruder wurde von einrükkenden feindlichen Soldaten erschossen ..."

Die alten Wunden brachen auf, wir lagen uns in den Armen und weinten.

„Sie sind von Gott gesandt, herzlich willkommen!"

Mein Zimmerchen lag unter dem Dachgiebel, es war klitzeklein, man konnte kaum stehen darin, aber die wenigen Sachen fanden alle ihren Platz. Der Teppich und das Radio machten es urgemütlich. Wie reich war ich doch schon wieder geworden! „Sie dürfen immer hier unten sein, morgen backe ich einen Kuchen. Können Sie backen?" fragte die Wirtin.

„Nein, noch nicht."

„Wie schön, dann kann ich es ihnen zeigen."

Eine Welle von selbstverständlicher Hilfsbereitschaft kam mir hier entgegen und ließ nun keinen Zweifel mehr aufkommen, daß meine Entscheidung richtig war.

Am nächsten Morgen begann mein erster Arbeitstag. „Holen Sie einen Block, ich diktiere Ihnen eine kurze Mitteilung!"

„Für die Zeit meiner Abwesenheit übergebe ich meinen Geschäftsbereich Herrn Dr ... Hochachtungsvoll"

Ich legte das Schreiben zur Unterschrift vor.

„Danke und auf Wiedersehen. Ich fliege wegen einer wichtigen Angelegenheit nach Berlin und bin in drei Tagen zurück. Sehen Sie sich inzwischen um, es gibt viel Interessantes zu lernen." Dann schaute er noch in die anderen Zimmer, hob freundlich die Hand und stieg in ein bereitgestelltes Auto.

Die Behörde war in einer ehemaligen Möbelfabrik untergebracht. Ein seltsamer Haufen von Mitarbeitern hatte sich hier angesammelt: Professoren, Großgrundbesitzer aus dem Osten, Lehrer, Möchtegerne und Könner ... so fehl war ich wohl doch nicht am Platze.

Nach zwei Tagen wurde in Berlin die Blockade verhängt, und mein Chef konnte die Stadt sechs Wochen nicht verlassen. Ich machte mich derweil mal hier, mal dort nützlich.

Dann kam er zurück!

„Zum Diktat bitte!"

Ich dachte wiederum nur an eine kurze Mitteilung und notierte bei jedem schwierigen Wort einfach statt des entsprechenden Kürzels einen Kringel auf meinem Block. Das würde ich mir dann schon merken und aus dem Zusammenhang erkennen können ...

„Datum – Anschrift!" Nun ging es los!

„Disqualifikation" – der erste Kringel ... „inkonsequent" – noch einer ... „nichtsdestoweniger" ... Hilfe, wo waren meine Kürzel geblieben? „Ressentiment" – wieder ein Kringel ...

„Kommen Sie mit?" fragte mein Chef zwischendurch.

„Ja, ja ..." Er diktierte und diktierte ... hatte der Mensch lauter Kringel im Kopf? Ich wurde nervös ... eine Seite ... zwei Seiten ... drei Seiten ... Kringel – Kringel ... „Hochachtungsvoll" ... noch'n Kringel.

„Nun lesen Sie vor!"

„Hier steht nichts, nur lauter Kringel!" stöhnte ich und nahm in Gedanken Abschied von Kantine und Wirtin ...

„Ich habe noch nie ein so langes Diktat geschrieben", gestand ich stockend, „und dachte, es wäre wieder eine so kurze Mitteilung. Bei jedem schwierigen Wort habe ich einfach einen Kringel gemacht." Immer noch wagte ich nicht aufzuschauen.

„Ach wisssen Sie, das ist ein sehr wichtiger Brief, nun kann ich ihn erneut überdenken. Ich diktiere alles noch einmal ganz langsam – aber keine Kringel mehr! Können Sie auch zu Hause schreiben? Dann vernichten Sie das Kohlepapier und geben mir den Brief bis morgen zur Unterschrift. Nun gehen Sie schon und fangen Sie an ..." Er lächelte!

Alles klappte jetzt gut. Die Tage vergingen. Mein Chef wußte, was ich konnte und was nicht, und wenn es etwas zu schreiben gab, ging er zu den Stenotypistinnen.

In einer nahegelegenen Stadt fand ein „Presseball" statt – nur geladene Gäste. Der Chef schenkte mir zwei Karten und wünschte viel Vergnügen. Ich hatte schon Lust, hinzugehen, auch die Garderobefrage ließ sich mit einigem Geschick lösen ... aber wo war der entsprechende Partner?

Unter den Angestellten gab es einen gutaussehenden Mann: groß, dunkel, gewelltes Haar – eine Mischung aus Gary Grant, James Stewart und Gary Cooper ... Ich sprach ihn an: „Kommen Sie mit zum Presseball?"

„Nein", antwortete er nicht unhöflich, „das ist nicht das richtige Pflaster für mich!"

Ich staunte. „Was halten Sie von der Bibel?“ Was für ein Wort, so fremd, so neu – wie kam ich darauf, ihn das zu fragen?

„Die Bibel ist für mich das Heilige Buch!“ entgegnete er. Ich schaute ihn neugierig an. Das ist mein Mann, mir von Gott gegeben ... ich wußte es. Doch wie wird es weitergehen?

Wir gingen ein Stück die Straße entlang, erstes Kennenlernen, vorsichtig tastend. Es war alles so groß und geheimnisvoll.

Die Wirtin umarmte mich innig. „Das ist er, das ist er, morgen backe ich einen Kuchen“, jubelte sie.

Die Nacht verging wie im Traum, dann sah ich ihn wieder: Bei der Arbeit, am Feierabend, wir verbrachten viel Zeit miteinander. Wochen voller Glück vergingen, und immer neue Wege öffneten sich.

Einmal fragte ich ihn: „Sage mir ein Wort, das mir Gottes Schutz zusichert und mich stark macht vor den Menschen.“

Er überlegte nicht lange: „Gott sagt: ‚Ich will meine Hand nicht von dir abtun und dich nie im Stich lassen.‘ Also dürfen wir getrost und voll Zuversicht sagen: ‚Der Herr ist mein Helfer, darum will ich mich nicht fürchten, was kann mir ein Mensch tun?‘ “ (Hebräer 13, 5.6)

„Halt mich fest! Ich kann nicht arbeiten, ich kann nicht sparen – hat der Vormund immer gesagt –, und Du tust ihm sicher jetzt schon leid ...!"

Sanft legte er den Arm um meine Schulter. Ich war geborgen. Unsere Ehe begann mit einem Startkapital von achtzig D-Mark aus der Währungsreform und einem unerschütterlichen Vertrauen: *Er wird es wohlmachen.*

Mein Mann hatte sich als Geschäftsführer einer kleinen Fabrik im süddeutschen Raum beworben und war angenommen worden. Es lohnte sich nun nicht mehr, eine Wohnung zu suchen, und so blieben wir in unserem „Schwalbennestchen" unter dem Dach und immer willkommen bei den Wirtsleuten. Bei ihnen vermischten sich Neugier und Freude zu einer innigen Herzlichkeit. Sie nahmen uns richtiggehend unter ihren Schutz, besonders, als ich ihnen mitteilte, daß ich ein Kind erwartete. War es doch auch ihr Enkel, ich ihnen wie eine Tochter geworden, reich beschenkt durch ihre Fürsorge.

Neben meinem Dienst in der Behörde gab es unendlich viel zu lernen. Die Wirtin war eine sparsame, praktische Beamtenfrau. Ihre Arbeit in Haus und Garten, ihre reichen Erfahrungen vermehrten mein Grundwissen an Haushaltsführung aus der Schule, was mir noch heute zugute kommt. Ein tiefes Gefühl der Dankbarkeit erfüllte mein Herz, unaussprechlich nach den langen Jahren der Einsamkeit und Bedrückung. Ich sah jede Blume, die sich der Sonne öffnete ... die Schmetterlinge, die taumelnd von Blüte zu Blüte flogen ... glitzernde Perlen vom Morgentau an den Gräsern und den Abendhimmel, wenn die Sonne blutrot am Horizont versank. Ganz bewußt neigte ich mein Herz allem Schönem zu, um meinem Kind eine Ahnung von der Vollkommenheit dieser Erde zu vermitteln.

„Erzähl mir etwas aus der Schöpfungsgeschichte, von Abraham und Mose, von David und Christus", forderte ich meinen Mann auf, und er blieb mir keine Antwort schuldig. Aber ich hatte viele Einwände.

„Warum wurde Christus gekreuzigt? Wenn er Gottes Sohn war, hätte er doch für immer leben können, wie eine Art internationaler Eichstelle, uns als ewiger Maßstab gegeben." Meine Erlösungsvorstellungen schienen mir logischer und besser. Wie sehr ich damals recht hatte, wurde mir erst viel, viel später klar.

Ich ging in die evangelische Kirche am Ort, in Frauenkreise und Bibelabende. Suchte nach Menschen, deren Wesen durch die Berührung mit dem lebendigen Gott verändert worden war, nach aufrichtiger Liebe, Wahrhaftigkeit, Demut – und fand einen kleinen Kreis von Gläubigen. Gemeinsam forschten wir in der Bibel, ob es sich auch so verhielte, was da geschrieben stand ...

„Was ist Sünde?“ fragte ich die anderen.

„Durch das Gesetz kommt Erkenntnis der Sünde.“

„Was ist Sünde?“ forschte ich erneut. Sie hörten meine Frage nicht und antworteten mit Formeln, die ich nicht verstand:

„Jesu Blut macht uns rein von aller Sünde!“

„Was ist Sünde ...?“

„Sie stellen gewaltige Fragen“, sagte der Pastor.

Meine Mutter erzählte früher in ihrem Freundeskreis gern eine kleine Geschichte von mir. Ich mochte das gar nicht und bin dann meistens weggelaufen: Es war recht gefährlich auf unserem großen Hof. Besonders im Frühjahr, wenn wir nach dem langen Winter nicht mehr im Haus zu halten waren. Draußen standen oft die Bauernwagen dicht an dicht. Franz und Pietschke hatten alle Hände voll zu tun, um die Kunden abzufertigen, und keine Zeit, auf ein paar quirlige Kinder zu achten. „Geht nicht zu nahe an die Tiere heran, sie sind sehr kitzlig und schlagen aus“, hatte uns die Mutter immer wieder ermahnt. Eines Tages, ich mochte etwa vier Jahre alt gewesen sein, stand ich unter dem Bauch eines schweren Ackergaules, die Hände zur Demonstration in die Höhe gestreckt und erklärte strahlend: „Dies Pferd ist nicht titzlich!"

Den Sachen auf den Grund gehen! Stimmt es auch, was die Großen da sagen? Diese Charaktereigenschaft ist mir wohl in die Wiege gelegt worden – wobei „die Großen" später die Lehrer, die Pfarrer, die Politiker waren!

Die Jahre vergingen. 1954 konnten wir ein Grundstück erwerben und mit viel Eigenarbeit und meinem Lastenausgleich ein kleines Einfamilienhaus bauen. Am Heiligen Abend klebte mein Mann das letzte Stück Borte an die Tapete des Wohnzimmers: Was für ein großes Geschenk!

Ich hatte einen lieben Mann, einen Sohn, ein Haus, doch ganz tief im Herzen blieb eine Sehnsucht ungestillt, die wichtigste Frage hatte noch niemand beantwortet: „Gott, wer bist du, was willst du?"

Ich müsse meine Sünden bekennen, sagte man mir, doch welche?

Daß ich mit dem Onkel auf dem Marktplatz in Tetschen-Bodenbach zwei Pferde gestohlen hatte? ... den Ami hintergangen? ... Alvine mir unrechtmäßigerweise auf dem Schwarzmarkt einige Gebrauchsgüter besorgte? Das konnte es doch nicht sein!

Langsam begann ich, mich nach etwas Bösem zu sehnen! Was konnte ich tun, um wie der verlorene Sohn reumütig heimzukehren und angenommen zu werden von den Gläubigen? Doch so sehr ich auch grübelte – dieses „Böse" fand ich in meiner Vergangenheit nicht.

So forschte ich weiter in der Bibel, fragte meinen Mann, las die Bücher bekannter Theologen – aber die Wahrheit blieb mir verschlossen...

Als unser Sohn sieben Jahre alt war, bekam er eine kleine Schwester. Sie wurde in der „Freiheit" geboren, ohne Bedrückung durch räumliche Enge und finanzielle Probleme. Die Arbeit im Haus und im Garten und ein wachsender Freundeskreis füllten den Tag aus. Die Schulzeit begann und stellte neue Anforderungen für Eltern und Kinder. Der große Bedarf unseres Haushalts bestimmte meine Wünsche: Küche, Bad und Wohnzimmer mußten möbliert werden. So ließ ich mir jedes Jahr zu Weihnachten einen Terminkalender schenken und plante die Anschaffungen ein, die im kommenden Jahre möglich waren. Eine böse Überraschung war es jedesmal, wenn eine Krankheit, das Loch in der neuen Hose des Jungen oder eine andere unerwartete Ausgabe meinen Etat durcheinanderbrachte. Ich wurde nervös, gereizt, ungerecht und verlor immer mehr die Werte aus den Augen, die mir einst so wichtig erschienen: Stille, Geborgenheit, Wahrhaftigkeit. Der Lebensstandard der Freunde, der oft schon viel höher war als unserer, die sehnsüchtigen Blicke der Kinder nach dem Spielzeug der Nachbarn spornten mich ständig an, doch die gleichen Kostbarkeiten zu besitzen.

Als ich zweiundvierzig Jahre alt war, setzte Gott diesem Sturmlauf eine Grenze. Eine allgemeine Erschöpfung, dauernde Erkältungen und Unwohlsein veranlaßten mich, zum Arzt zu gehen. Er untersuchte mich gründlich und kam zu einer erschreckenden Diagnose: Krebs!

Von Anfang an sah ich diese Krankheit nicht als ein böses Schicksal an, das meinem guten Willen entgegenstand, sondern als eine Fügung, die allen falschen Plänen ein Ende machte. Ich fühlte mich wieder in meiner Welt. Trotz der Schmerzen und der Angst um das Weiterleben war ich wie ein Kind, das sich verirrt hatte und sich nun geborgen in die Arme der Eltern schmiegt. Die Mediziner stellten eine völlige Gesundung in Aussicht, da der Krebs in einem sehr frühen Stadium erkannt worden sei.

Das Leben bekam wieder Inhalt und Freude. Die kleinen Dinge, die Blumen auf dem Tisch, das erste Aufstehen, der Sonnenstrahl, der ins Zimmer fiel – all das wurde zu einer Quelle tiefer Dankbarkeit. Ich war mit soviel unwesentlichen Dingen behaftet gewesen, nun gewann das Wesentliche, Glaube und Liebe, wieder Gestalt und Raum! Meinen Terminkalender verbrannte ich, jeden neuen Tag nahm ich als Geschenk an. Die Ursache der Krankheit – meine Habgier, der Neid auf den Besitz der anderen, die daraus entstandene Hektik und Unzufriedenheit – war beseitigt, eine langsame Erholung und Genesung begann ...

In unserem Frauenkreis gab es einige, deren Augen merkwürdig strahlten und die mir deutlich zu verstehen gaben, daß bei mir noch etwas fehle ... „Du mußt den Herrn Jesus liebhaben. Wenn man glauben will, sollte man den Verstand ausschalten!“

„Wie kann man jemanden liebhaben, den man nicht kennt“, entgegnete ich. Es wurde immer komplizierter.

Vielleicht muß man sich, wenn man wirklich zu dieser Glaubensgemeinschaft gehören will, hinein- und hinaufdienen? Ich backte Kuchen für jedes Gemeindefest, trug die Kirchenzeitung aus, verteilte den christlichen Kalender am Jahresende. Ich stickte, werkelte, strickte für den Weihnachtsbasar... sagte Worte, die ich nicht verstand, sprach Gebete, von denen ich annahm, daß die anderen sie hören wollten… und fand keinen Frieden in all dem Treiben. Der Versuch, mich von einigen Verpflichtungen zu lösen, machte die Enttäuschung perfekt: „Ist deine Liebe erkaltet?“ fragte man besorgt.

Ich war ja noch gar nicht warm geworden!

Das konnte es doch nicht sein!

1963 wurde in unserer Stadt eine Evangelisation durchgeführt, vorbereitet von einem „Seelsorge-Team“. Da ich nun schon allerhand wußte, fleißig in die Kirche und die entsprechenden Versammlungen ging, meldete ich mich zur Teilnahme an.

Ein sehr sympathischer Amerikaner sprach von Sünde – Buße – Gesetz – Geist!

„Oh je, wieder die alten Formeln…“ Ich war enttäuscht.

Wir waren etwa fünfzig Personen in dem Raum. „Wissen Sie, ich habe hier zwei Tassen mit Kaffee“, fuhr der Redner fort, die beiden Tassen demonstrativ in die Höhe haltend. „In der einen Tasse ist Zucker, in der anderen nicht. Diesen Kaffee ohne Zucker kann ich jetzt wieder heiß machen, ihn nochmals filtern und umrühren – aber er wird nicht süß. Hören Sie doch auf zu filtern und zu rühren – es nützt nichts, da muß

Zucker rein. Gehen Sie nach Hause, bitten sie Gott um den Heiligen Geist, und Sie werden verstehen, was ich sage."

Er hob die Versammlung auf und schickte uns fort.

Es war ein langer Weg durch die dunkle Nacht, die Sterne begleiteten mich am Himmel. Ich ging in mein Zimmer – die anderen schliefen schon –, kniete weinend nieder und bat Gott um seinen Heiligen Geist.

Als ob eine Schleuse geöffnet wurde und das Wasser sich nun in ein lange vorbereitetes Bett ergoß, erfüllte ein tiefer Frieden und eine unbeschreibliche Wärme und Freude mein Herz.

Endlich war ich nach Hause gekommen. Ich betrat Räume, die mir vertraut waren, las die Bibel wie jemand, der auf eine große Beute stößt, und ich wußte: Dies ist Gottes Welt, sein Friede, seine Freude, seine Zukunft! Nichts und niemand kann mich aus dieser Geborgenheit herausreißen ...

Mein Herr und mein Gott ...

Unter dem Schatten Deiner Flügel fand ich
Schutz und Geborgenheit ...

Nicht preisgegeben hast Du mich
dem Zugriff der Feinde, sondern schicktest
Trost in der Einsamkeit ...

Auch in der Todesangst warst Du ganz nahe ...

In meiner Rastlosigkeit
schufst Du Ruhe und Stille ...

Du bewahrtest meine Seele vor dem Argen
und schärftest mein Gewissen für das Gute
und Böse ...

Alle Schuld hast Du vergeben!

Gestillt ist die große Sehnsucht meines Lebens ...

Du offenbartest mir Deinen Sohn,
hast meinen Geist erleuchtet ...

Dein Heilsplan blieb mir nicht verborgen ...

Ich habe Dich gesucht,
und Du hast Dich finden lassen ...

Dir gebe ich mich hin
mit meinem ganzem Herzen ...

Weil Du mein Vater bist ...

Amen.

Ja, so ist es!

BÜCHER AUS DEM BUNDES-VERLAG

Edition

AUFATMEN

Gott begegnen, authentisch leben

Geistliches Kraftfutter für Leute, die Hunger und Sehnsucht nach Gotteserfahrungen im Alltag haben – das will die Edition AUFATMEN sein. Bücher mit Tiefgang, die ehrlich und persönlich sind, praxisbezogen und herausfordernd. Titel, zu denen man fast unbesehen greifen kann, weil sie Teil einer Reihe sind, die gleichbleibend hohe Qualität bringt.

Richard Foster

Gottes Herz steht allen offen

Eine Einladung zum Gebet

Beten ist mehr, als Gott etwas zu sagen. Beten ist, vor Gott zu leben und im Gespräch sein Herz zu suchen.

288 Seiten, DM/SFr **29,80**/*öS 218,–*
Best.-Nr. 208.743 · ISBN 3-926417-43-9

Magnus Malm

Gott braucht keine Helden

Mitarbeiter zwischen Rolle und Wahrhaftigkeit

Ein Betroffener schreibt über die Schwierigkeit, als Mitarbeiter Verantwortung zu tragen und doch man selbst sein zu dürfen, mit Schwächen und Fehlern.

272 Seiten, DM/SFr **29,80**/*öS 218,–*
Best.-Nr. 208.744 · ISBN 3-926417-44-7

Arne Völkel

Wurzeln schlagen

Hilfen zur persönlichen Glaubenserneuerung

Glaube, der sich erwartungsvoll auf Jesus einläßt und von Freude und Hingabe geprägt ist. Eine Einladung.

144 Seiten, DM/SFr **24,80**/*öS 181,–*
Best.-Nr. 208.733 · ISBN 3-926417-33-1

Keith Miller

Neuer Wein – lebendiges Wasser

Von der Sehnsucht nach geistlicher Erneuerung

Echter Glaube ist immer ein Wagnis. Dabei weht einem der Wind schon mal ins Gesicht. Aber es eröffnet sich auch ein unvergleichlicher Horizont.

128 Seiten, DM/SFr **19,80**/*öS 145,-*
Best.-Nr. 208.753 · ISBN 3-926417-53-6

Wolfram Kopfermann

Aufbruch in ein neues Land

Glauben lernen mit Abraham

Der Glaube verändert und erneuert das Leben. Er ist keine menschliche Denksportaufgabe, sondern eine umwerfende Erfindung Gottes.

144 Seiten, DM/SFr **24,80**/*öS 181,-*
Best.-Nr. 208.752 · ISBN 3-926417-52-8

Richard Foster

Nachfolge feiern

Geistliche Übungen neu entdeckt

Stille, Meditation, Fasten und andere schon lange bekannte geistliche Übungen helfen zu einer vertieften Beziehung zu Gott.

176 Seiten, DM/SFr **24,80**/*öS 181,-*
Best.-Nr. 208.731 · ISBN 3-926417-31-5

James Smith/Richard Foster

Daß Gott mich wirklich liebt

Mit dem Herzen glauben

Gott liebt nicht das „fromme Bild" von Menschen, sondern er liebt sie so, wie sie sind.

176 Seiten, 2. Aufl. 1997, DM/SFr **24,80**/*öS 181,-*
Best.-Nr. 208.732 · ISBN 3-926417-32-3